国家工作人员
学法用法案例教程

法规应用研究中心◎编

编委会：刘康廷　陈国强

中国法制出版社
CHINA LEGAL PUBLISHING HOUSE

前　言

2021年6月，中共中央、国务院转发了《中央宣传部、司法部关于开展法治宣传教育的第八个五年规划（2021－2025年）》的通知，明确要求加强国家工作人员法治教育。落实国家工作人员学法用法制度，引导国家工作人员牢固树立宪法法律至上、法律面前人人平等、权由法定、权依法使等基本法治观念。重点抓好“关键少数”，提高各级领导干部运用法治思维和法治方式深化改革、推动发展、化解矛盾、维护稳定、应对风险能力。建立领导干部应知应会法律法规清单制度，分级分类明确领导干部履职应对学习掌握的法律法规和党内法规，完善配套制度，促使知行合一。把法治素养和依法履职情况纳入考核评价干部的重要内容，让尊法学法守法用法成为领导干部自觉行为和必备素质。

为配合国家工作人员学法用法工作开展，我们组织编写了《国家工作人员学法用法案例教程》，以《中央宣传部、司法部关于开展法治宣传教育的第八个五年规划（2021－2025年）》为指导，围绕宪法、国家基本法律以及与经济社会发展和人民生产生活密切相关的法律法规，以真实典型的案例形式，全方位介绍我国社会主义法律制度的主要组成部分，便于广大国家工作人员学习法律知识，开阔法律视野，形成法治思维，强化依法行政的观念和能力。

本书包括以下板块：宪法与相关法律、民法典、商法、行政法、经济法、社会法、刑法、程序法以及党内法规，涵盖了党纪国法的方方面面。《中央宣传部、司法部关于开展法治宣传教育的第八个五年规划（2021－2025年）》指出："实行公民终身法治教育制度，把法治教育纳入干部教育体系、国民教育体系、社会教育体系。"我们衷心地希望本书作为国家工作人员全面学习法律知识的辅助读物，能切实提高国家工作人员法治素养和依法办事的能力。在干部教育体系建设乃至社会主义法治建设的宏伟工程中发挥作用。

书中如有不足之处，尚请广大读者批评指正。

编者

目　录

第一章　宪法与相关法律

第二章　民法典

第三章　商　　法

第四章 行政法

第五章 经济法

第六章 社会法

第七章 刑　　法

第八章 程序法

第九章 党内法规

第一章　宪法与相关法律

案例1：受教育是我国公民的权利，任何组织和个人不得侵犯

——齐某某与陈某某案

【案情简介】

齐某某与陈某某同属第八中学的学生，在中专考试中，齐某某被某商业学校录取，陈某某则未通过考试。在父亲的帮助下，陈某某竟从第八中学领取了某商业学校寄给齐某某的录取通知书，冒名顶替其入学就读，并在毕业后分配到某银行工作。

得知真相的齐某某以姓名权和受教育权被侵害为由，将陈某某、某商业学校、第八中学和某市教委诉至法院，要求停止侵害、赔礼道歉并赔偿经济损失16万元、精神损失40万元。同年，法院一审判决陈某某停止对齐某某姓名权的侵害、赔偿精神损失费3.5万元，并认定陈某某等侵害齐某某受教育权不能成立。原告不服，提起上诉。

高级人民法院作出终审判决，判令陈某某停止对齐某某姓名权的侵害，赔偿经济损失4.8万元及精神损失费5万元。

【深度解析】

对于公民的受教育权，国家以宪法和法律的形式予以规定和完

善，并对侵害公民受教育权的行为设定相应法律责任。《宪法》第46条规定："中华人民共和国公民有受教育的权利和义务。国家培养青年、少年、儿童在品德、智力、体质等方面全面发展。"同时，《教育法》第9条规定："中华人民共和国公民有受教育的权利和义务。公民不分民族、种族、性别、职业、财产状况、宗教信仰等，依法享有平等的受教育机会。"第77条规定："在招收学生工作中滥用职权、玩忽职守、徇私舞弊的，由教育行政部门或者其他有关行政部门责令退回招收的不符合入学条件的人员；对直接负责的主管人员和其他直接责任人员，依法给予处分；构成犯罪的，依法追究刑事责任。盗用、冒用他人身份，顶替他人取得的入学资格的，由教育行政部门或者其他有关行政部门责令撤销入学资格，并责令停止参加相关国家教育考试二年以上五年以下；已经取得学位证书、学历证书或者其他学业证书的，由颁发机构撤销相关证书；已经成为公职人员的，依法给予开除处分；构成违反治安管理行为的，由公安机关依法给予治安管理处罚；构成犯罪的，依法追究刑事责任。与他人串通，允许他人冒用本人身份，顶替本人取得的入学资格的，由教育行政部门或者其他有关行政部门责令停止参加相关国家教育考试一年以上三年以下；有违法所得的，没收违法所得；已经成为公职人员的，依法给予处分；构成违反治安管理行为的，由公安机关依法给予治安管理处罚；构成犯罪的，依法追究刑事责任。组织、指使盗用或者冒用他人身份，顶替他人取得的入学资格的，有违法所得的，没收违法所得；属于公职人员的，依法给予处分；构成违反治安管理行为的，由公安机关依法给予治安管理处罚；构成犯罪的，依法追究刑事责任。入学资格被顶替权利受到侵害的，可以请求恢复其入学资格。"第83条规定："违反本法规定，侵犯教师、受教育者、学校或者其他教育机构的合法权益，造成损失、损害的，应当依法承担民事责任。”对于公民的姓名权，我国法律也将其纳入保护范围。《民法典》第1012条规定：“自然人享有姓名权，有权依法决定、使用、变更或者许可他人使用自己的姓名，但是不得违背公序良俗。”第1014条规定：“任何组织或者个人不得以干涉、盗用、假冒等方式侵害他人的姓名权或者名称权。”姓名权属于人格权，《民法典》第995条规定：“人格权受到侵害的，受害人有权依照本法和其他法律的规定请求行为人承担民事责任。受害人的停止侵害、排除妨碍、消除危险、消除影响、恢复名誉、赔礼道歉请求权，不适用诉讼时效的规定。”

案件中，陈某某在其父的安排下领取了原本属于齐某某的录取通知书，冒名顶替其入学就读，并在毕业后分配到某银行工作。而受害人齐某某在“被落榜”后，由于家境贫寒，无力复读，只能在家务农和外出打工，人生轨迹就此发生改变。从法律上讲，陈某某的行为直接侵犯了齐某某的姓名权，并通过冒用其姓名的方式间接侵犯了齐某某的受教育权，给齐某某在经济上、精神上造成直接损失，陈某某理应承担相应的法律责任。但该案随即引出一个法律问题，即人民法院能否援引宪法条文对陈某某侵犯齐某某受教育权的行为进行裁判，并要求其承担相应的法律责任？

《宪法》序言规定：“本宪法以法律的形式确认了中国各族人民奋斗的成果，规定了国家的根本制度和根本任务，是国家的根本法，具有最高的法律效力。全国各族人民、一切国家机关和武装力量、各政党和各社会团体、各企业事业组织，都必须以宪法为根本的活动准则，并且负有维护宪法尊严、保证宪法实施的职责。”表明宪法为一切组织和个人所遵守，其所规定的基本权利不仅对抗国家公权力的侵害，同时也抵制个人私权利的侵害。实践中，虽然长期存在人民法院裁判不援引宪法的司法惯例，但这并不能表明人民法院不能援引宪法进行裁判，我国宪法和法律也未明文禁止。《宪法》第131条规定："人民法院依照法律规定独立行使审判权，不受行政机关、社会团体和个人的干涉。"该条文中的"法律"，不仅包括全国人民代表大会及其常务委员会制定的法律、国务院制定的行政法规、地方人民代表大会及其常务委员会制定的地方性法规，当然还包括全国人民代表大会制定的宪法。人民法院作为宪法的实施机关，当然享有宪法的适用权，可以在裁判中援引宪法来保护公民的基本权利。

综上所述，陈某某的过错行为，不仅侵害了齐某某的姓名权，还侵害了齐某某的受教育权，并给其带来了直接的经济损失和精神损害，齐某某有权依法向陈某某主张其姓名权和受教育权。对于齐某某的主张，人民法院可以援引宪法条文作出相应裁判。与此同时，该案也突破了人民法院长期不能直接援引宪法条文作为民事裁判依据的司法惯例，开创了我国宪法司法化的先例，具有里程碑式的意义。

案例2：我国公民依法享有获得国家赔偿的权利

——陈某杀人放火疑案

【案情简介】

1992年12月25日晚，某村一处住宅发生火灾，消防员将火扑灭后在该住宅内发现了一具男性尸体。警方勘查发现，厨房煤气罐被人搬至卧室门口点燃，死者身受多处钝器伤害，颈动脉被割断，遗体也被严重烧焦。与此同时，警方在死者身上发现印有陈某名字的工作证。经调查发现，陈某与死者曾住在一起，后因经济纠纷搬走，警方遂将其列为重要嫌疑人。

1993年9月25日，陈某被批准逮捕。1994年11月22日，法院审理认定，陈某在上坡下村租住期间，因未交房租与死者发生矛盾，死者声称要告发陈某私刻公章等违法行为并要其搬走，陈某遂起歹念，拿菜刀朝死者连砍数刀，后将煤气罐搬到死者卧室门口并点燃。认定陈某构成故意杀人罪和放火罪，判处其死缓。然而，检察院认为判决过轻，提起抗诉。1999年4月15日，甲院终审裁定，驳回抗诉，维持原判。

判决生效后，陈某及其家人便开始不断申诉。2001年11月8日，甲院经复查驳回申诉。2013年4月9日，检察院审查认为陈某案不符合立案复查条件。2014年2月22日，律师易某、王某向最高人民检察院递交了陈某案申诉状。2015年2月，最高人民检察院决定向最高人民法院提出抗诉。最高人民法院经审查，指令乙高院异地再审。2015年12月29日，陈某案开庭再审，陈某家属、部分人大代表旁听了庭审。2016年2月1日，乙高院依法对陈某故意杀人、放火再审案公开宣判。乙高院认为，原裁判认定陈某杀死被害人并放火焚尸灭迹的事实不清，证据不足，指控的罪名不能成立，撤销原审裁判，宣告陈某无罪。

2016年3月9日，陈某向甲高院申请国家赔偿，包括人身自由赔偿金、误工费、医疗费、精神损害抚慰金及申冤费用共计966万元。2016年3月14日，甲高院受理了陈某的国家赔偿申请。2016年3月30日，陈某申请国家赔偿案在甲高院进行听证，但听证会没有达成实质的赔偿意见。2016年5月13日，陈某和甲高院就国家赔偿问题达成协议，陈某共获赔2753777.64元，其中人身自由赔偿金185万余元，精神损害抚慰金90万元。

【深度解析】

国家赔偿，是指国家机关及其工作人员因行使职权给公民、法人或者非法人组织的人身权、财产权造成损害，依法应给予的赔偿。国家赔偿包括行政赔偿和刑事赔偿。国家赔偿具有以下特点：第一，赔偿机关具体化。国家赔偿由国家承担法律责任，赔偿义务机关履行具体赔偿义务。由于国家是抽象主体，不可能履行具体的赔偿义务，所以由具体的国家机关承担赔偿义务，形成了“国家责任，机关赔偿”的特殊形式。第二，赔偿标准法定化。国家赔偿标准因侵犯的对象和程度的不同而变化，且赔偿数额有最高限制。国家赔偿的主要方式是支付赔偿金，辅助方式是返还财产、恢复原状。第三，赔偿范围限定化。《国家赔偿法》规定了国家赔偿的范围，也明确了国家不承担赔偿责任的各种情形。第四，赔偿程序多元化。不仅行政赔偿和刑事赔偿适用不同的程序，即使同样是行政赔偿，受害人可直接向赔偿义务机关提出，也可在行政复议、行政诉讼中一并提出，还可以单独提出。由此可知，国家赔偿是国家机关及其工作人员违法行使国家权力而给公民、法人或者非法人组织造成直接损失时的侵权法律责任，是现代社会公民、法人或者非法人组织抵御国家公权力侵害的救济手段，也是维护公民、法人或者非法人组织合法权益的有效方式。

本案中，公民陈某因具有重大犯罪嫌疑而被甲高院判处死缓，并在监狱内服刑长达 23 年。既然陈某没有犯罪，却被无故关押，国家理应承担赔偿责任。那么，陈某是否具有申请国家赔偿的权利呢？

《国家赔偿法》第 2 条第 1 款规定："国家机关和国家机关工作人员行使职权，有本法规定的侵犯公民、法人和其他组织合法权益的情形，造成损害的，受害人有依照本法取得国家赔偿的权利。"《宪法》第 37 条规定："中华人民共和国公民的人身自由不受侵犯。任何公民，非经人民检察院批准或者决定或者人民法院决定，并由公安机关执行，不受逮捕。禁止非法拘禁和以其他方法非法剥夺或者限制公民的人身自由，禁止非法搜查公民的身体。"由此可知，以甲高院为代表的国家司法机关已经严重侵犯陈某的人身自由权利，那么，陈某所遭遇的情形是否属于国家赔偿的范围呢？

《国家赔偿法》第 17 条规定："行使侦查、检察、审判职权的机关以及看守所、监狱管理机关及其工作人员在行使职权时有下列侵犯人身权情形之一的，受害人有取得赔偿的权利……（三）依照审判监督程序再审改判无罪，原判刑罚已经执行的……"本案中，经过多方努力，最高人民检察院就陈某一案向最高人民法院提起抗诉，最高人民法院随即指定乙高院异地再审此案，后因事实不清，证据不足，指控的罪名不能成立，撤销原审裁判，宣告陈某无罪。由此可知，陈某是依照审判监督程序经过再审而被改判无罪的，并且其原先的刑罚已经执行长达 23 年。因此，陈某所遭遇的情形属于国家赔偿范围。那么，赔偿请求人与赔偿义务机关又如何确定呢？

对于赔偿请求人，《国家赔偿法》第 20 条规定："赔偿请求人的确定依照本法第六条的规定。"第 6 条规定："受害的公民、法人和其他组织有权要求赔偿。受害的公民死亡，其继承人和其他有扶养关系的亲属有权要求赔偿。受害的法人或者其他组织终止的，其权利承受人有权要求赔偿。"由此可知，公民陈某作为直接受害人，属于赔偿请求人。对于赔偿义务机关，《国家赔偿法》第 21 条第 4 款规定："再审改判无罪的，作出原生效判决的人民法院为赔偿义务机关。二审改判无罪，以及二审发回重审后作无罪处理的，作出一审有罪判决的人民法院为赔偿义务机关。"本案中，陈某是经乙高院再审改判无罪的，甲高院是作出原生效判决的司法机关。由此可知，甲高院是赔偿义务机关。那么，陈某申请国家赔偿应遵循哪些程序要求呢？

《国家赔偿法》第 22 条第 2 款规定："赔偿请求人要求赔偿，应当先向赔偿义务机关提出。"第 24 条规定："赔偿义务机关在规定期限内未作出是否赔偿的决定，赔偿请求人可以自期限届满之日起三十日内向赔偿义务机关的上一级机关申请复议。赔偿请求人对赔偿的方式、项目、数额有异议的，或者赔偿义务机关作出不予赔偿决定的，赔偿请求人可以自赔偿义务机关作出赔偿或者不予赔偿决定之日起三十日内，向赔偿义务机关的上一级机关申请复议。赔偿义务机关是人民法院的，赔偿请求人可以依照本条规定向其上一级人民法院赔偿委员会申请作出赔偿决定。”第 30 条第 1 款规定：“赔偿请求人或者赔偿义务机关对赔偿委员会作出的决定，认为确有错误的，可以向上一级人民法院赔偿委员会提出申诉。”由此可知，陈某应首先向甲高院提出国家赔偿申请，并保留向甲高院上级法院，即最高人民法院申请复议的权利。那么，赔偿义务机关的具体赔偿方式是什么呢？

《国家赔偿法》第 32 条第 1 款规定：“国家赔偿以支付赔偿金为主要方式。”第 33 条规定：“侵犯公民人身自由的，每日赔偿金按照国家上年度职工日平均工资计算。”第 37 条规定：“赔偿费用列入各级财政预算。赔偿请求人凭生效的判决书、复议决定书、赔偿决定书或者调解书，向赔偿义务机关申请支付赔偿金。赔偿义务机关应当自收到支付赔偿金申请之日起七日内，依照预算管理权限向有关的财政部门提出支付申请。财政部门应当自收到支付申请之日起十五日内支付赔偿金。赔偿费用预算与支付管理的具体办法由国务院规定。”由此可知，陈某可凭借生效的无罪判决书向甲高院申请支付赔偿金。

案例 3：赔偿义务机关因申请人作虚假供述而免除赔偿责任的，应予以举证

——蒙某某申请国家赔偿案

【案情简介】

2013 年 4 月 5 日，蒙某某因涉嫌盗窃罪被刑事拘留。4 月 28

日，蒙某某被批准逮捕。6月27日，公安局将其移送区检察院审查起诉。其间，区检察院曾两次将本案退回公安部门，要求补充侦查。2014年1月9日，区检察院以事实不清、证据不足为由，依据《刑事诉讼法》的相关规定，决定对蒙某某不予起诉。2014年2月8日，蒙某某以无罪逮捕被错误关押为由，向区检察院提出国家赔偿申请。检察院认为，蒙某某在审查批捕阶段作了虚假供述，承认其在公安机关所作供述是真实的，导致作出批捕决定，根据国家赔偿法的相关规定，决定不予赔偿。对此，蒙某某向市检察院提出复议。2014年6月13日，市检察院作出复议决定，认为公安机关提取证据存在瑕疵，在此期间蒙某某所作的有罪供述应予排除，不应认定为其故意作虚假供述，蒙某某请求赔偿的事项属于《国家赔偿法》规定的赔偿范围，决定撤销区检察院刑事赔偿决定书，区检察院支付蒙某某人身自由赔偿金55992.51元。

【深度解析】

本案中，蒙某某因涉嫌盗窃罪被刑事拘留，后又被批准逮捕。在审查起诉阶段，区检察院以事实不清、证据不足为由，决定对蒙某某不予起诉。那么，区检察院决定对蒙某某不予起诉的法律依据是什么？《刑事诉讼法》第175条规定："人民检察院审查案件，可以要求公安机关提供法庭审判所必需的证据材料；认为可能存在本法第五十六条规定的以非法方法收集证据情形的，可以要求其对证据收集的合法性作出说明。人民检察院审查案件，对于需要补充侦查的，可以退回公安机关补充侦查，也可以自行侦查。对于补充侦查的案件，应当在一个月以内补充侦查完毕。补充侦查以二次为限。补充侦查完毕移送人民检察院后，人民检察院重新计算审查起诉期限。对于二次补充侦查的案件，人民检察院仍然认为证据不足，不符合起诉条件的，应当作出不起诉的决定。”由此可知，区检察院对公安机关二次补充侦查的案件，仍认为事实不清、证据不足的，应当作出不起诉的决定，其行为完全符合《刑事诉讼法》的相关规定。那么，蒙某某以无罪逮捕被错误关押为由，向区检察院提出国家赔偿申请，其法律依据是什么呢？

《国家赔偿法》第 17 条规定：“行使侦查、检察、审判职权的机关以及看守所、监狱管理机关及其工作人员在行使职权时有下列侵犯人身权情形之一的，受害人有取得赔偿的权利……（二）对公民采取逮捕措施后，决定撤销案件、不起诉或者判决宣告无罪终止追究刑事责任的……”由此可知，蒙某某所遭遇的情形属于《国家赔偿法》的赔偿范围，其具有取得赔偿的权利。此外，2016 年 1 月 1 日起施行的《最高人民法院、最高人民检察院关于办理刑事赔偿案件适用法律若干问题的解释》第 1 条规定：“赔偿请求人因行使侦查、检察、审判职权的机关以及看守所、监狱管理机关及其工作人员行使职权的行为侵犯其人身权、财产权而申请国家赔偿，具备国家赔偿法第十七条、第十八条规定情形的，属于本解释规定的刑事赔偿范围。”综上所述，蒙某某可依据法律规定申请刑事赔偿。

但对于蒙某某的赔偿申请，区检察院却以其在审查批捕阶段作了虚假供述，承认其在公安机关所作供述是真实的，导致作出批捕决定为由，根据相关法律规定不予赔偿。《国家赔偿法》第 19 条规定：“属于下列情形之一的，国家不承担赔偿责任：（一）因公民自己故意作虚伪供述，或者伪造其他有罪证据被羁押或者被判处刑罚的……”由此可知，上述法条规定了国家赔偿的免责情形。对于蒙某某的赔偿申请，赔偿义务机关南宁市青秀区人民检察院认为其在审查批捕阶段作了虚假有罪供述，导致作出批捕决定，属于国家赔偿的免责情形。对此，赔偿申请人蒙某某可采取何种救济手段呢?

《国家赔偿法》第 24 条第 2 款规定：“赔偿请求人对赔偿的方式、项目、数额有异议的，或者赔偿义务机关作出不予赔偿决定的，赔偿请求人可以自赔偿义务机关作出赔偿或者不予赔偿决定之日起三十日内，向赔偿义务机关的上一级机关申请复议。”由此可知，蒙某某可向上一级机关即市检察院提起复议，以维护自身合法权益。对于本案，市检察院认为，区检察院的认定忽视了有罪供述与故意作虚假供述在认识因素和意志因素等方面的重要区别，不能把曾经做过有罪供述一概认定为故意作虚假供述，只有查明行为人主观上确实出于故意，并作出了与客观事实相反的供述，才能依法认定为故意作虚假供述。

与此同时，区检察院对上述事实的认定负有举证责任。《最高人民法院、最高人民检察院关于办理刑事赔偿案件适用法律若干问题的解释》第 8 条规定：“赔偿义务机关主张依据国家赔偿法第十九条第一项、第五项规定的情形免除赔偿责任的，应当就该免责事由的成立承担举证责任。”笔者认为，如果区检察院未能就赔偿申请人蒙某某故意作虚假供述的事实予以举证，将面临不利的风险，蒙某某故意作虚假供述的事实不能为法律程序所认定，其国家赔偿申请也不存在所谓的“国家不承担赔偿责任”之情形。最终，市检察院认为，公安机关提取证据存在瑕疵，在此期间蒙某某所作的有罪供述应予排除，不应认定为其故意作虚假供述，蒙某某请求赔偿的事项属于国家赔偿法规定的赔偿范围，决定撤销区检察院刑事赔偿决定书，区人民检察院支付蒙某某人身自由赔偿金55992.51元。

第二章 民法典

案例1：依法维护限制民事行为能力人的合法权益

——马某某“被死亡”案

【案情简介】

2015年12月10日，执勤民警在某县汽车站附近发现一名流浪者，并将其送到救助管理站。按照救助管理的相关规定，工作人员首先对其进行了身份登记。老人说自己叫马某某，是某村村民。然而，当工作人员进行入网核查时，却发现其户籍已经被注销。随后，工作人员与马某某的家人取得了联系，却被告知马某某已经于三年前去世并安葬。

2015年12月22日，救助管理站的工作人员带着马某某回到老家，当地的村干部陈某某将现场确认核实马某某的身份。一见面，陈某某就认出了马某某，其家人也确认他就是当年走失的马某某。

经陈某某介绍，马某某有两个哥哥、一个姐姐。马某某在二十多岁的时候，因病造成智力方面的残疾。此后马某某一直未结婚，并且没有子女，当地民政部门为其办理了“五保”。2010年2月10日，马某某失踪。2012年2月7日，在某县境内，一辆面包车将一名横穿山间公路的男子当场撞死，死者面部严重受损，已经无法辨认，并且身上也没有任何表明自己身份的证件。为了尽快确认死者身份，办案民警进行了广泛的走访调查，并在周边张贴了认尸启示。经过辨认核对，警方发现死者的外貌特征与失踪多年的马某某极为相似，并且其家人也认同该观点。随后，警方便抽取了马某某家人的血液，送往司法鉴定所进行 DNA 鉴定。一星期后，该所便出具了死者与马某某家人是同一父系的兄弟血缘关系的鉴定书。肇事司机在与马某某家人协商后，一并赔偿其 15 万元。事故处理完后，马某某的家人带着骨灰将其安葬在老家祖坟中。

此次马某某归来后，由于其老家的房子年久失修，已经变成危房，当年以马某某的名义赔偿的钱款也已用尽。当地民政部门将其安置到敬老院，并恢复其“五保”。当地的派出所主动帮助马某某恢复了户籍，补办了身份证。如今，生活在敬老院的马某某的生活有了着落。那么，被安葬在马家祖坟中的人究竟是谁呢?

警方之所以认定死者是马某某，是根据司法鉴定所出具的 DNA 鉴定。而司法鉴定所出具的结论为：“不排除死者与马某某家人是同一父系的兄弟血缘关系”，仅是一种较大的可能性，而非绝对的唯一性。但警方却简单地认定死者就是马某某，由此带来了一系列的后果和问题。

【深度解析】

本案中，智力残疾的马某某外出后失踪，直到六年后才再次回家。在此期间，马某某不仅被家人误认为已经死亡，还被当地公安机关和民政部门分别注销了户籍、“五保”，成为法律上的死亡人。然而，随着马某某本人的再次出现，之前所形成的各种法律关系随之改变，马某某的合法权益也最终得到应有的尊重和保护。本案的法律问题相对集中，将逐一对其进行分析：

第一，智力残疾的马某某是不是限制民事行为能力人？《民法典》第22条规定：“不能完全辨认自己行为的成年人为限制民事行为能力人，实施民事法律行为由其法定代理人代理或者经其法定代理人同意、追认；但是，可以独立实施纯获利益的民事法律行为或者与其智力、精神健康状况相适应的民事法律行为。”本案中，智力残疾的马某某与正常人相比，行为有些怪异，且常常外出很久才回来。因此，马某某至少是不能完全辨认自己行为的自然人。智力残疾的马某某精神状态异于常人，并且不能完全认知和辨别自己的行为，属于限制民事行为能力人。

第二，智力残疾的马某某，其个人权益应由谁来主张和维护？《民法典》第23条规定：“无民事行为能力人、限制民事行为能力人的监护人是其法定代理人。”第28条规定：“无民事行为能力或者限制民事行为能力的成年人，由下列有监护能力的人按顺序担任监护人：（一）配偶；（二）父母、子女；（三）其他近亲属；（四）其他愿意担任监护人的个人或者组织，但是须经被监护人住所地的居民委员会、村民委员会或者民政部门同意。”本案中，马某某有两个哥哥和一个姐姐，其父母均已经去世，其未结婚并且无子女。由此可知，作为限制民事行为能力人的马某某，其法定监护人是作为近亲属的两个哥哥和一个姐姐，其个人权益应由其哥哥或姐姐主张和维护。

第三，随着马某某的出现，哪些法律关系随之改变？《民法典》第49条规定：“自然人被宣告死亡但是并未死亡的，不影响该自然人在被宣告死亡期间实施的民事法律行为的效力。”第53条第1款规定：“被撤销死亡宣告的人有权请求依照本法第六编取得其财产的民事主体返还财产；无法返还的，应当给予适当补偿。”本案中，作为马某某法定监护人的哥哥和姐姐虽然未向当地法院申请宣告其失踪或死亡，却误将在交通事故中死亡的他人当作马某某，并将肇事司机赔偿的15万元全部用在死者的丧葬上。除此以外，当地公安机关和民政部门也分别注销了其户籍和“五保”。由此可知，马某某死亡的客观事实已为其法定监护人和政府部门所认可，并作出相应的法律评价，新的法律关系随之产生。但随着马某某的出现，相关法律关系随之被打破。笔者认为，可参照上述法律规定，确定新的法律关系。首先，法律主体上，马某某在法律上的主体地位随之恢复，成为法律上的自然人，其先前的户籍和“五保”随之恢复。其次，财产继承上。继承马某某财产的近亲属应向其返还，如果原物不存在，应依法给予相应补偿。由于马某某属于限制民事行为能力人，其财产原则上应由其法定监护人代管，并本着最大限度保护被监护人利益的原则进行处分。最后，人身关系上。由于马某某未曾结婚，并且没有子女，其人身关系仅限于法定监护人的重置，即马某某的两个哥哥和一个姐姐重新成为其法定监护人。综上所述，作为限制行为能力人的马某某，其个人权益应由其法定监护人主张和维护，所形成的法律关系也应由当地政府部门予以确认。

案例2：公民、法人或者非法人组织发现隐藏物的，应及时归还权利人

——汪某某与詹某某隐藏物返还案

【案情简介】

2015年1月8日，某村村民詹某某在拆除老房时，在房梁上发

现了一根铁管，里面放置着128块银元。根据文物市场估价，这批银元价值至少5万元。当晚，村民汪某某便要求詹某某将银元分给自己留作纪念。詹某某答应了汪某某的要求，当即送给他14块银元。然而几天后，汪某某却再次向詹某某讨要一半的银元。原来汪某某曾是该老屋的主人，2008年其将老屋以1万元的价格卖给詹某某。在汪某某看来，自己本应得到该批银元，但考虑到老屋出卖、邻里关系等因素，便只向詹某某讨要一半银元。詹某某表示拒绝汪某某的要求，并认为购买老屋时汪某某已将个人物品搬走，其对这批银元并不知情，该批银元不是汪某某的。

詹某某还表示，该老屋也并非汪某某所有。根据村支书回忆，该房屋原本属于该村村民汪观某夫妇所有。由于汪观某夫妇未生育子女，便一直由村集体赡养扶助。20世纪90年代，汪观某夫妇相继去世，其所有的老屋便归村集体所有。后来，村集体以8000元的价格将该老屋卖给了汪某某。面对詹某某的拒绝和反驳，汪某某又拿出了汪氏家谱，并声称汪观某是自己祖父的弟弟，该批银元应属于汪观某夫妇所有，由于其没有子女，自己作为继承人理应继承。詹某某表示，汪观某的妻子是自己妻子的姑姑，该批银元应属于自己。村委会则认为该批银元应归村集体所有，因为汪观某夫妇的生养死葬一直由村集体负责，该批银元应属于老人隐藏在老屋里的遗产，理应归村集体所有。根据该村村民汪某生回忆，汪观某曾是他家的长工，长期为他家挑送银元，并且其晚年生活比较困难，他认为该批银元并非汪观某所有。但汪观某的父亲则相对富裕一些，该批银元极有可能是他隐藏到老屋里的。与此同时，汪某某也认为该批银元为其曾祖父即汪观某的父亲所隐藏。

2015年4月25日，汪某某将詹某某诉至法院，要求其返还剩余的114块银元。詹某某也起诉要求汪某某返还自己先前赠与其的14块银元。2015年5月15日，经过审理，法院认为，该批银元属于隐藏物，其所有权应归埋藏人所有或者由其法定继承人继承，詹某某作为房屋买受人对该批银元不享有所有权；此外，法院还认为，当事人汪某某提供的证据无法排除其他法定继承人的存在，村委会也是法定继承人之一。最终，法院驳回了两人的诉讼请求，并依法扣押了这批银元。对于这批银元的最终归属，法院认为要等待权利人前来主张权利再作下一步的处理。

【深度解析】

本案中，法院最终扣押了这批银元并等待相关权利人前来主张权利，案件就此了结，但是这批银元最终归属于谁呢？笔者认为，依照现有的证据材料并结合民事法律规范，该批银元最终应归属于村委会。根据《民法典》第319条规定："拾得漂流物、发现埋藏物或者隐藏物的，参照适用拾得遗失物的有关规定。法律另有规定的，依照其规定。"由此可知，该批银元作为隐藏物，其归属应参照拾得遗失物的法律规定。根据《民法典》第314条规定："拾得遗失物，应当返还权利人。拾得人应当及时通知权利人领取，或者送交公安等有关部门。"由此可知，该批银元作为隐藏物，虽然是詹某某拆除老屋时发现的，但其作为发现人理应依法将该批银元返还给其所有人。与此同时，由于该批银元的所有人尚不明确，詹某某应将其送交当地的公安部门，而不是私自变卖、赠送部分银元。

那么，作为该老屋所有权人的詹某某能否获得该批银元的所有权？笔者认为，詹某某不能以老屋所有权人的身份获得该批银元的所有权。本案中，詹某某于2008年以1万元的价格从汪某某手中购得隐藏这批银元的老屋。根据《民法典》第595条规定："买卖合同是出卖人转移标的物的所有权于买受人，买受人支付价款的合同。"第209条第1款规定："不动产物权的设立、变更、转让和消灭，经依法登记，发生效力；未经登记，不发生效力，但法律另有规定的除外。"第210条第1款规定："不动产登记，由不动产所在地的登记机构办理。"由此可知，詹某某从汪某某处购得老屋的行为属于房屋买卖合同行为。詹某某在支付房款并进行登记后所获得的是老屋的所有权，并非该批银元的所有权。与此同时，假设汪某某是该批银元的所有人，其向詹某某转移老屋所有权的行为也并不包括该批银元的所有权。因此，詹某某不能以老屋所有权人的身份而取得该批银元的所有权。

本案中，汪某某认为该批银元属于自己的曾祖父即汪观某的父亲所有，而且自己的祖父与汪观某是亲兄弟，再加上汪观某夫妇膝下并无子女，自己理应继承该批银元。由于汪某某未能向法院提交能够证明自己是继承人身份的证据材料，法院最终驳回其诉讼请求。

与此同时，假设该批银元由汪某某的叔祖父汪观某所有，由于其并未留有遗嘱或遗赠，该批银元应适用法定继承。根据《民法典》第1123条规定："继承开始后，按照法定继承办理；有遗嘱的，按照遗嘱继承或者遗赠办理；有遗赠扶养协议的，按照协议办理。"但是，我国法律对无人继承又无人受遗赠的遗产有着特殊规定。根据《民法典》第1160条规定："无人继承又无人受遗赠的遗产，归国家所有，用于公益事业；死者生前是集体所有制组织成员的，归所在集体所有制组织所有。"第1158条规定："自然人可以与继承人以外的组织或者个人签订遗赠扶养协议。按照协议，该组织或者个人承担该自然人生养死葬的义务，享有受遗赠的权利。”本案中，虽然汪观某夫妇并无子女，但其生老病死均由村委会承担，作为侄孙子的汪某某并未赡养老人，而且汪观某夫妇均属于该村集体所有制组织成员，其遗产应归村集体所有。

那么，既然这批银元应归属村集体所有，法院却为何将这批银元扣押而没有返还给村集体呢？笔者认为，法院的做法较为稳妥。本案中，主张该批银元所有权的发现人詹某某已被法院驳回诉讼请求，而汪某某由于未能提供自己是法定继承人的证据也被法院驳回诉讼请求，但最有可能是该批银元所有者的村委会却未向人民法院提起诉讼，主张权利。根据《民事诉讼法》的“不告不理”诉讼原则，法院只能按照当事人詹某某、汪某某提出的诉讼主张进行审理，对超出当事人诉讼主张的部分不得主动审理，只得等待相关权利人前来主张权利。

案例3：合同当事人行使权利、履行义务应当遵循诚信原则

——杨某与李某、张某案

【案情简介】

2015年6月，李某与张某结婚，准备购买一套房屋作为婚房。不久，李某夫妇通过房屋中介公司寻得一处房屋，很快便与房主杨某初步达成购房意向。然而在第二次看房时，杨某又把房价抬高了20万元。可即便如此，李某夫妇还是决定购买。

2015年6月14日，李某夫妇与杨某签订了房屋买卖合同。李

某夫妇得知杨某的丈夫大部分时间是在国外工作和生活，鉴于此种情况，双方又签订了一份补充协议，约定“如果一些事项必须卖房人的配偶亲自到场，双方可以协商解除合同，互不负责”。随后，李某夫妇把首付款 140 万元打到杨某的账户里，剩余的 180 万元尾款则通过向银行贷款的方式支付。2015 年 7 月 24 日，银行批准了李某夫妇的房贷申请。第二天，双方在房屋中介公司的陪同下，将房屋过户到李某夫妇的名下。2015 年 9 月，由于没有收到剩余的 180 万元，杨某向法院提起诉讼，要求李某夫妇承担违约责任。

2015 年 7 月 30 日，李某夫妇前往房屋所在小区办理物业交接，从他人口中得知杨某已经离婚的消息。李某夫妇去派出所了解情况，发现该房屋上户籍登记的是一名姓许的男子，并非杨某本人。同时，在房屋买卖过程中，李某夫妇始终未见到杨某丈夫同意出售该房屋的相关文件。此外，李某夫妇在向银行查询杨某贷款情况时，发现其向银行提供了一份单身证明，这与之前杨某的说法自相矛盾。为此，李某夫妇单方面停止办理银行贷款手续。原来，2014 年起杨某就与丈夫许某分居。2015 年 7 月，许某向法院提起诉讼离婚时，才得知杨某已将房屋出售的事实。2015 年 12 月，法院认为杨某向李某夫妇隐瞒了其有可能离婚的事实，判决驳回原告杨某的诉讼请求。

【深度解析】

在社会主义市场经济条件下，公民、法人或者非法人组织在订立合同时应当严格遵循诚信原则，确保市场交易行为顺利进行。所谓诚信原则，是指市场主体在各种经济活动中，应恪守诺言、诚实不欺，在追求自身利益的同时不得损害他人或社会利益。该原则在我国法律中也有体现，如《民法典》第 7 条规定：“民事主体从事民事活动，应当遵循诚信原则，秉持诚实，恪守承诺。”本案中，房屋出卖人杨某在订立房屋买卖合同时，向房屋买受人李某夫妇恶意隐瞒其与配偶许某有可能离婚的重大事项，不仅严重违反了诚信原则，还给房屋买受人李某夫妇带来房屋买卖合同无效的巨大风险。

本案中，虽然杨某恶意隐瞒了重大事实，但该房屋买卖合同依然具有法律效力，原因如下：首先，合同主体上。房屋买受人李某夫妇具备订立合同所需的民事行为能力，而房屋出卖人杨某虽有无权处分之嫌，但由于其持有该房屋的产权证明，在形式上符合主体要求。其次，意思表示上。房屋买受人李某夫妇对该房屋很满意，即便杨某再次抬价，依然答应购买，购买该房屋的意思表示真实且有效。而房屋出卖人杨某由于自身窘迫的经济情况，出卖该房屋的意思表示也是真实且有效的。最后，合法效力上。房屋买受人李某夫妇与房屋出卖人杨某订立的房屋买卖合同不仅没有违背法律规定，也没有损害社会公益。由此可知，该房屋买卖合同具备相应的法律效力。

合同一旦成立并生效，当事人应当严格依照其约定内容履行。根据《民法典》第 465 条第 1 款规定：“依法成立的合同，受法律保护。”因此，作为房屋买卖合同当事人的李某夫妇、杨某均应按照约定履行自己的义务。本案中，在合同签订后的第二天，杨某就把房屋过户到李某夫妇名下，而李某夫妇在向杨某交付 140 万元房屋首付款后，却单方面停止办理银行贷款手续，拒绝向其支付剩余的 180 万元房款。由于未收到剩余房款，杨某才将李某夫妇诉至法院。但李某夫妇之所以拒绝履行剩余的合同内容，是因为在物业交接过程中，李某夫妇从他人口中得知杨某正处于离婚的重大事项中，并发现杨某的丈夫许某对出卖房屋的事实并不知情，而该房屋属于杨某和许某所共有，杨某与许某的婚姻关系有可能解除，所以杨某出卖房屋的行为有无权处分之嫌。如果李某夫妇依然履行剩余合同内容，会给自己带来巨大风险。因此，李某夫妇依照法律行使不安抗辩权，以抵御杨某在房屋买卖过程中恶意隐瞒重大事项所带来的风险。根据《民法典》第 526 条规定："当事人互负债务，有先后履行顺序，应当先履行债务一方未履行的，后履行一方有权拒绝其履行请求。先履行一方履行债务不符合约定的，后履行一方有权拒绝其相应的履行请求。"

本案不仅涉及房屋买卖合同的法律效力问题，还涉及房屋所有权转移问题。根据《民法典》第 311 条规定："无处分权人将不动产或者动产转让给受让人的，所有权人有权追回；除法律另有规定外，符合下列情形的，受让人取得该不动产或者动产的所有权：（一）受让人受让该不动产或者动产时是善意；（二）以合理的价格转让；（三）转让的不动产或者动产依照法律规定应当登记的已经登记，不需要登记的已经交付给受让人。受让人依据前款规定取得不动产或者动产的所有权的，原所有权人有权向无处分权人请求损害赔偿。当事人善意取得其他物权的，参照适用前两款规定。"本案中，李某夫妇在签订房屋买卖合同及受让房屋时，并不知道杨某恶意隐瞒其与配偶许某的婚姻关系已出现状况并有可能离婚这一重大事项，属于善意第三人；同时，李某夫妇向杨某支付 320 万元的房款，属于合理价格；此外，李某夫妇已在房屋登记管理部门完成房屋产权变更登记，完成不动产登记行为。由此可知，李某夫妇是通过善意取得的方式获得房屋的所有权。

本案中，针对杨某起诉李某夫妇违反合同约定的行为，法院作出了于法有据、合情合理的民事判决。李某夫妇未支付剩余房款的"违约行为"是履行不安抗辩权的表现，并且其通过善意取得的方式获得了房屋的所有权，该行为符合我国法律的相关规定，为法院所肯定和支持。

案例4：非婚生子女享有同婚生子女同等的权利，任何人不得加以危害和歧视

——李某某与侯某某、魏某案

【案情简介】

张某某是一名家庭妇女，其丈夫魏某某在石料厂从事挖掘工作，二人育有一子魏某，家庭成员还有魏某某之母侯某某。2012年下半年，离婚后的李春某在网上聊天时认识了魏某某，很快，两人便相约见面并同居。张某某知晓后劝说魏某某回心转意，但其依旧长期与李春某同居生活。

2013年5月2日，张某某与魏某某经法院调解离婚。2013年6月6日，魏某某与李春某举办婚礼。此时李春某已怀有身孕，但二人并未办理结婚登记手续。2013年9月2日，魏某某在石料厂驾驶铲车时发生侧翻，造成身体多处受伤，经抢救无效死亡。2013年10月22日，石料厂与侯某某签订协议书一份，约定由石料厂一次性支付给侯某某死亡赔偿金、丧葬费、被抚养人生活费、精神损失费以及抚慰金共计44万元。协议签订后，石料厂即将赔偿款汇到侯某某的账户中。2013年12月13日，李春某与魏某某的非婚生子

李某某出生。2014年年初，李春某向法院提起诉讼，请求侯某某、魏某返还儿子李某某所应继承其父魏某某赔偿款相应份额共计18万元。

2014年3月3日，法院公开审理此案。庭审中，李春某称李某某是其与魏某某所生，理应继承相应份额；而尚未成年的魏某监护人张某某却认为，李某某并非魏某某所生，不享有继承权利。为此，法院建议双方对李某某做亲子鉴定。此时，由于魏某某已被火化，无法取得血液、骨骼、毛发等检材。不得已，法院又建议双方对李某某做父系鉴定，并需要魏某协助提供相关检材。然而，这一举动却遭到张某某的拒绝和反对。最终，法院推定李某某属于李春某与魏某某的非婚生子，享有相应的继承权利，判决侯某某、魏某向其返还继承份额18万元。

【深度解析】

本案中，在魏某某离婚后，李春某便与其举办了婚礼，但是两人所谓的“婚姻”并未产生法律效力。《民法典》第1049条规定：“要求结婚的男女双方应当亲自到婚姻登记机关申请结婚登记。符合本法规定的，予以登记，发给结婚证。完成结婚登记，即确立婚姻关系。未办理结婚登记的，应当补办登记。”由此可知，在我国婚姻关系因登记而成立，并具备相应的法律效力。李春某与魏某某的结婚行为，不具备相应的法律效力，其婚姻关系也不为法律所承认。那么，李春某与魏某某仅是事实上的夫妻关系，并非法律上的婚姻关系。从严格意义上讲，李春某与魏某某之间并不存在任何权利义务关系，对于魏某某的遗产和赔偿款也不享有继承权利。

本案中，魏某某因铲车侧翻而死亡，其母侯某某、儿子魏某共获得石料厂赔偿款44万元。李春某对这笔钱不享有任何继承权利，但其与魏某某所生的非婚生子李某某是否享有继承权利呢？首先，李某某对魏某某享有继承权利。《民法典》第1071条第1款规定："非婚生子女享有与婚生子女同等的权利，任何组织或者个人不得加以危害和歧视。"第27条第1款规定："父母是未成年子女的监护人。"由此可知，非婚生子李某某与婚生子魏某均享有同等的权利，任何人不得加以危害和歧视，李某某的继承权利理应受到法律的支持与保护。李春某作为李某某的法定监护人，理应依法维护其权利不受任何组织和个人的侵害。

其次，李某某对魏某某的遗产享有继承权利。《民法典》第1155条规定："遗产分割时，应当保留胎儿的继承份额。胎儿娩出时是死体的，保留的份额按照法定继承办理。"第1127条第1款规定："遗产按照下列顺序继承：（一）第一顺序：配偶、子女、父母；（二）第二顺序：兄弟姐妹、祖父母、外祖父母。"第1130条第1款、第2款规定："同一顺序继承人继承遗产的份额，一般应当均等。对生活有特殊困难又缺乏劳动能力的继承人，分配遗产时，应当予以照顾。"本案中，魏某某先于李某某出生而死亡，并且生前未留有遗嘱，应对其遗产适用法定继承，李某某作为其非婚生子理应依法继承其遗产。与此同时，由于其监护人李春某没有任何经济来源，理应予以照顾。

最后，李某某对魏某某的赔偿款享有继承权利。《民法典》第1179条规定："侵害他人造成人身损害的，应当赔偿医疗费、护理费、交通费、营养费、住院伙食补助费等为治疗和康复支出的合理费用，以及因误工减少的收入。造成残疾的，还应当赔偿辅助器具费和残疾赔偿金；造成死亡的，还应当赔偿丧葬费和死亡赔偿金。"

《最高人民法院关于审理人身损害赔偿案件适用法律若干问题的解释》第15条规定："死亡赔偿金按照受诉法院所在地上一年度城镇居民人均可支配收入或者农村居民人均纯收入标准，按二十年计算。但六十周岁以上的，年龄每增加一岁减少一年；七十五周岁以上的，按五年计算。"第16条规定："被扶养人生活费计入残疾赔偿金或者死亡赔偿金。"第17条规定："被扶养人生活费根据扶养人丧失劳动能力程度，按照受诉法院所在地上一年度城镇居民人均消费性支出和农村居民人均年生活消费支出标准计算。被扶养人为未成年人的，计算至十八周岁；被扶养人无劳动能力又无其他生活来源的，计算二十年。但六十周岁以上的，年龄每增加一岁减少一年；七十五周岁以上的，按五年计算。被扶养人是指受害人依法应当承担扶养义务的未成年人或者丧失劳动能力又无其他生活来源的成年近亲属。被扶养人还有其他扶养人的，赔偿义务人只赔偿受害人依法应当负担的部分。被扶养人有数人的，年赔偿总额累计不超过上一年度城镇居民人均消费性支出额或者农村居民人均年生活消费支出额。"

《民法典》第1058条规定："夫妻双方平等享有对未成年子女抚养、教育和保护的权利，共同承担对未成年子女抚养、教育和保护的义务。"由此可知，魏某某因铲车侧翻而死亡，石料厂不仅应向其赔偿相关费用，还应向死者生前扶养的人支付必要的生活费用。需要注意的是，此处的"扶养"采取广义解释，是指一定范围的亲属间相互供养和扶助的法定权利义务，不存在身份与辈分的区别，是赡养、扶养、抚养的统称，即包括长辈对晚辈的抚养、晚辈对长辈的赡养和平辈亲属之间的扶养。综上所述，李某某作为非婚生子，对包括赔偿款在内的魏某某的遗产享有法定继承权利。此外，石料厂还应向李某某支付必要的生活费用。

本案中，由于侯某某、魏某始终未向李某某返还其所应继承份额，直接导致其生活困难。为此，李某某的法定监护人李春某向法院提起民事诉讼，依法主张权利。在庭审过程中，魏某的法定监护人张某某提出李某某并非魏某某亲生骨肉的抗辩，但其却无法提供相应的证据材料，并拒绝其子魏某向对方提供父系鉴定所需的检材。在我国的民事诉讼程序中，实行“谁主张、谁举证”的证据原则，当事人如果向法庭提出主张和诉求，就必须承担举证的责任和义务。如果当事人无法提供相应证据材料，其主张和诉求就不会得到法庭的支持和肯定，甚至可能直接面临败诉的风险。《民事诉讼法》第64条第1款规定：“当事人对自己提出的主张，有责任提供证据。”由此可知，张某某未向法庭提供李某某不是魏某某所亲生的证据材料，其理应依法承担不利于自身的法律后果。最终，法院推定李某某是魏某某的非婚生子，依法享有继承权利。

案例5：饲养的动物造成他人损害的，动物饲养人应当承担侵权责任

——袁某某被狗咬伤致死案

【案情简介】

2015年8月17日10时，刘某某带着4岁的孙子袁某某经过妯娌王某某家门口时，袁某某跑进王某某家中。然而，王某某家的狗突然将袁某某扑倒在地，对着袁某某的臀部一阵抓咬。这时候，王某某赶来，两人带着孩子去卫生院打狂犬疫苗。

中午12时，打完针的袁某某依然不停哭闹，情绪很不稳定。对此，袁某某的家人认为这是孩子受到惊吓的正常反应。下午4点，袁某某的情况突然出现异常，其父袁某发现孩子浑身发软，一声不吭，随即带着孩子来到区医院，发现其大脑内有瘀血压迫神经，并开始出现发烧症状。经医生建议，袁某又将孩子连夜转往市医院，医生诊断为脑血管破裂。两天后，袁某某又被转入省医院，由于失血过多，一直处于昏迷状态。8月19日，袁某某接受了血管修补手术。尽管手术很成功，但袁某某却一直昏迷不醒，始终没有脱离生命危险。8月22日，袁某某在重症监护室内依靠呼吸机勉强维持生命。8月24日，袁某一家人决定放弃治疗，给袁某某办理了出院手续。回家途中，袁某某便不治身亡。很快，袁某就将孩子埋葬了。

不久，袁某就找中间人就此事与王某某一家协商，王某某一家答应支付给袁某13万元医药费。没过多久，王某某一家反悔了，仅同意支付给袁某5万元医药费。袁某只得向法院提起诉讼。在诉讼过程中，原、被告双方就袁某某死亡的结果是否与狗的抓咬行为存在因果关系产生不同看法。原告认为，自己孩子的死亡恰是狗抓咬并带来惊吓造成的，而被告则认为，袁某某的死亡是由于其受惊吓导致交通动脉瘤破裂，致使蛛网膜下腔出血，与自家狗的抓咬并无关系。基于此，法庭庭长黄某某展开了走访调查，得出袁某某的死亡与狗的抓咬行为存在一定因果关系的结论，再加上刘某某、袁某当时未尽到监护职责，决定由双方各承担一半的法律责任。2015年11月21日，法院判决王某某一家向袁某赔偿各项损失16万元。

【深度解析】

在日常生活中，公民、法人或者非法人组织的民事权益极易受到侵害，诸如生命权、健康权、姓名权、名誉权、荣誉权、肖像权、隐私权、婚姻自主权、监护权、所有权、用益物权、担保物权、著作权、专利权、商标专用权、发现权、股权、继承权等人身财产权益。对于侵权行为，被侵权人有权向侵权人主张权益，并要求其承担侵权责任。所谓侵权责任，是指民事主体因实施侵权行为而应承担的民事法律后果。根据《民法典》第179条规定："承担民事责任的方式主要有：（一）停止侵害；（二）排除妨碍；（三）消除危险；（四）返还财产；（五）恢复原状；（六）修理、重作、更换；（七）继续履行；（八）赔偿损失；（九）支付违约金；（十）消除影响、恢复名誉；（十一）赔礼道歉。法律规定惩罚性赔偿的，依照其规定。本条规定的承担民事责任的方式，可以单独适用，也可以合并适用。"由此可知，对于民事主体的合法权益，我国法律给予了最大限度的保护，规定了极为明确的法律责任，以确保民事主体的合法权益不受侵害。

本案中，年幼的袁某某被王某某饲养的狗所抓咬，由于过度惊吓导致交通动脉瘤破裂，引发蛛网膜下腔出血，最终经抢救无效死亡。毫无疑问，袁某某的生命权和健康权均遭受侵害，王某某作为狗的饲养人，同时也是侵权责任人，理应依法承担相应的侵权责任。根据《民法典》第1245条规定："饲养的动物造成他人损害的，动物饲养人或者管理人应当承担侵权责任；但是，能够证明损害是因被侵权人故意或者重大过失造成的，可以不承担或者减轻责任。"第1246条规定："违反管理规定，未对动物采取安全措施造成他人损害的，动物饲养人或者管理人应当承担侵权责任；但是，能够证明损害是因被侵权人故意造成的，可以减轻责任。”上述法条在规定动物饲养人或者管理人承担侵权责任的同时，还规定了相应的免责、减责情形。笔者认为，王某某未对其饲养的狗采取相应的安全管理措施，并且其院门也没有关闭，导致受害人袁某某被狗所咬伤，王某某理应依法承担袁某某被狗咬伤所带来的侵权责任。

本案中，在袁某某被自家所饲养的狗咬伤后，王某某立刻带其前往卫生院注射狂犬疫苗，该行为恰是王某某主动承担侵权责任的表现。但当日下午，袁某某一声不吭、浑身发软，送往医院抢救几日后，最终死亡。那么，王某某对袁某某的死亡结果是否承担侵权责任？笔者认为，应具体分析造成袁某某死亡的原因。首先，内部原因。在救治袁某某的过程中，医生发现其患有极其罕见的前交通动脉瘤。当患者情绪激动时，该瘤体极易发生破裂，进而导致体内出血，最终危及患者生命。因此，袁某某自身患有前交通动脉瘤是其死亡的内部原因。其次，外部原因。王某某所饲养的狗不仅咬伤袁某某，还使其受到惊吓、情绪激动，直接引发其前交通动脉瘤破裂，导致蛛网膜下腔出血，医治无效死亡。因此，王某某所饲养的狗咬伤袁某某是其死亡的外部原因。最后，其他原因。案发当时，袁某某系无民事行为能力的未成年人，其祖母刘某某未能及时阻止其前往王某某家中，也未能有效地保护其人身权利，没有完全履行监护责任，存在一定的过错。因此，刘某某未能完全履行监护责任是其死亡的其他原因。由此可知，王某某所饲养的狗咬伤袁某某的行为与其死亡结果存在一定的因果关系，但并非直接导致袁某某死亡结果的唯一原因。对于袁某某死亡的结果，王某某仅需承担部分侵权责任。

本案中，被侵权人袁某某最终死亡，其民事权益应由其近亲属代为主张。根据《民法典》1181 条第 1 款的规定，“被侵权人死亡的，其近亲属有权请求侵权人承担侵权责任”。第 1179 条的规定：“侵害他人造成人身损害的，应当赔偿医疗费、护理费、交通费、营养费、住院伙食补助费等为治疗和康复支出的合理费用，以及因误工减少的收入。造成残疾的，还应当赔偿辅助器具费和残疾赔偿金；造成死亡的，还应当赔偿丧葬费和死亡赔偿金。”最终，法院判决王某某赔偿袁某医疗费、护理费、伙食费、丧葬费、交通费、死亡赔偿金等共计 16 万元。

案例 6：死者姓名权、肖像权受侵犯，子女有权请求侵权人承担责任

——甲肖像权被侵害案

【案情简介】

甲生前出演大量影视作品，具有较高的社会知名度。某公司旗下的连锁餐厅为达到宣传目的，遂在餐厅招牌、店内装饰、宣传品、微信公众号上大量使用甲的姓名、肖像。该公司网站上关于连锁餐厅的宣传文章也包含甲的姓名、照片等内容。某公司的上述行为并未获得甲生前的授权，也未经甲的子女等亲属同意。

甲之子乙知晓该情况后，与连锁餐厅及其所有者某公司进行交涉，要求对方停止侵权行为，赔礼道歉并给予经济赔偿。因双方分歧较大，未能达成一致，乙遂向人民法院提起诉讼，要求某公司依法承担民事侵权责任。

【深度解析】

在本案中，虽然甲已经去世，但其人格权依然受到法律的保护。根据我国《民法典》第994条的规定，死者的姓名、肖像、名誉、荣誉、隐私、遗体等受到侵害的，其配偶、子女、父母有权依法请求行为人承担民事责任；死者没有配偶、子女且父母已经死亡的，其他近亲属有权依法请求行为人承担民事责任。这是因为死者的姓名、肖像等人身权益与其配偶、子女、父母等近亲属存在密切的情感关系，具有一定的情感和经济价值。他人擅自使用死者的姓名、肖像，将损害死者近亲属的精神和经济利益。所以，法律赋予死者配偶、子女、父母以及其他近亲属维护死者人格权不受侵害的权利。《最高人民法院关于确定民事侵权精神损害赔偿责任若干问题的解释》第3条规定："死者的姓名、肖像、名誉、荣誉、隐私、遗体、遗骨等受到侵害，其近亲属向人民法院提起诉讼请求精神损害赔偿的，人民法院应当依法予以支持。"

《民法典》对于自然人的姓名权和肖像权作出了详细的规定。《民法典》第1014条规定："任何组织或者个人不得以干涉、盗用、假冒等方式侵害他人的姓名权或者名称权。"第1019条规定："任何组织或者个人不得以丑化、污损，或者利用信息技术手段伪造等方式侵害他人的肖像权。未经肖像权人同意，不得制作、使用、公开肖像权人的肖像，但是法律另有规定的除外。未经肖像权人同意，肖像作品权利人不得以发表、复制、发行、出租、展览等方式使用或者公开肖像权人的肖像。"某公司及其名下的连锁餐厅在未获得甲生前授权，也未经甲的配偶、子女、父母等近亲属同意的情况下，擅自将甲的姓名、肖像用于餐厅装饰、宣传，显然侵犯了甲的人身权益，作为甲的子女乙有权要求某公司停止侵权行为并给予相应的赔偿。

针对侵犯人身权益造成财产损失和精神损害的赔偿问题，《民法典》第1182条规定：“侵害他人人身权益造成财产损失的，按照被侵权人因此受到的损失或者侵权人因此获得的利益赔偿；被侵权人因此受到的损失以及侵权人因此获得的利益难以确定，被侵权人和侵权人就赔偿数额协商不一致，向人民法院提起诉讼的，由人民法院根据实际情况确定赔偿数额。”第1183条规定：“侵害自然人人身权益造成严重精神损害的，被侵权人有权请求精神损害赔偿。因故意或者重大过失侵害自然人具有人身意义的特定物造成严重精神损害的，被侵权人有权请求精神损害赔偿。”那么，精神损害赔偿的数额应当如何确定呢？《最高人民法院关于确定民事侵权精神损害赔偿责任若干问题的解释》第5条规定：“精神损害的赔偿数额根据以下因素确定：（一）侵权人的过错程度，但是法律另有规定的除外；（二）侵权行为的目的、方式、场合等具体情节；（三）侵权行为所造成的后果；（四）侵权人的获利情况；（五）侵权人承担责任的经济能力；（六）受理诉讼法院所在地的平均生活水平。”

根据上述《民法典》和司法解释的规定，某公司除了停止侵权行为，赔礼道歉之外，还应当赔偿因侵权行为给原告造成的损失。本案经人民法院审理之后，判决被告某公司停止在餐厅装饰与宣传资料中使用甲的姓名、肖像，赔礼道歉，并给予原告20万元精神损害赔偿。

案例7：公司员工泄露客户个人信息，应当承担侵权责任

——王某与某贷款公司个人信息保护纠纷案

【案情简介】

王某的公司资金周转遇到困难，为解燃眉之急，便向某贷款公司申请抵押贷款。某贷款公司员工在为王某办理贷款手续过程中，安排王某拍照存档，照片中王某左手持本人身份证，右手持贷款合同。不久，王某的客户联系他，询问公司经营是否出现了问题，原因是客户在某论坛上看到有人发帖，内容是办理贷款手续的流程，并附有王某手持身份证和合同的照片。

王某得知此事后，立即登录该论坛，收集并保存了证据，与某贷款公司就此事进行交涉。某贷款公司承认网帖和照片均由公司内部员工发表，并就擅自泄露客户信息的行为向王某道歉，但不同意王某给予经济赔偿的要求。由于双方无法达成一致，王某遂向人民法院提起诉讼。

【深度解析】

根据我国《民法典》的规定，所谓个人信息，是指以电子或者其他方式记录的能够单独或者与其他信息结合识别特定自然人的各种信息，包括自然人的姓名、出生日期、身份证件号码、生物识别信息、住址、电话号码、电子邮箱、健康信息、行踪信息等。个人信息有一部分属于私密信息，属于隐私权保护范畴。除法律另有规

定或者权利人明确同意外，任何组织或者个人不得实施下列侵犯他人私密信息的行为：进入、拍摄、窥视他人的住宅、宾馆房间等私密空间；拍摄、窥视、窃听、公开他人的私密活动；拍摄、窥视他人身体的私密部位以及处理他人的私密信息等。

私密信息以外的个人信息同样受到法律的保护。相关主体在处理个人信息时，包括个人信息的收集、存储、使用、加工、传输、提供、公开等，必须遵守法律规定，如必须征得该自然人或者其监护人同意；公开处理信息的规则；明示处理信息的目的、方式和范围；不违反法律、行政法规的规定和双方的约定等。《民法典》第1038 条规定："信息处理者不得泄露或者篡改其收集、存储的个人信息；未经自然人同意，不得向他人非法提供其个人信息，但是经过加工无法识别特定个人且不能复原的除外。信息处理者应当采取技术措施和其他必要措施，确保其收集、存储的个人信息安全，防止信息泄露、篡改、丢失；发生或者可能发生个人信息泄露、篡改、丢失的，应当及时采取补救措施，按照规定告知自然人并向有关主管部门报告。"

王某在办理贷款手续过程中，按照某贷款公司要求拍摄的包含个人肖像、身份证等个人信息的照片，受到法律保护，某贷款公司作为信息处理者应当采取必要措施，保证其收集的个人信息安全，防范个人信息泄露。但该公司员工未经王某同意，擅自将照片在某网络论坛上公开发表，侵犯了王某的人身权益，某贷款公司未能对其收集的个人信息采取有效保护措施，导致个人信息泄露，给王某造成了不良影响和损失，应当承担民事责任。

《民法典》第 1182 条规定，侵害他人人身权益造成财产损失的，按照被侵权人因此受到的损失或者侵权人因此获得的利益赔偿；第1183条规定，侵害自然人人身权益造成严重精神损害的，被侵权人有权请求精神损害赔偿。王某有权就侵权行为给自己造成的财产损失和精神损害获得赔偿。

案例8：自愿实施紧急救助造成受助人损害，无须承担责任

——张某见义勇为案

【案情简介】

2019年11月某日，张某到公交站准备搭乘公交车上班。期间，一位在等候公交车的老人昏倒在公交站台上。张某主动上前查看老人的情况。老人双眼紧闭，已经失去了意识，呼吸和脉搏微弱。掌握一定心肺复苏技能的张某便主动为老人做胸部按压，经过几分钟的反复按压，老人逐渐恢复了意识。

苏醒后的老人感到胸部剧烈疼痛，张某便拨打120，陪同老人前往医院，又联系了老人的家属。经检查，老人多根肋骨断裂，原因是张某在做心扉复苏的过程中按压用力过猛。老人的家属要求张某承担医疗康复费用，但张某觉得自己是在做好人好事，救死扶伤，虽然由于方法不当给老人造成了一定的伤害，但毕竟挽救了老人的生命，即便对方不感谢自己，也不应该讹上自己，因此拒绝承担医疗费用。由于双方争执不下，老人家属诉至法院。

【深度解析】

见义勇为是一种社会美德，但现实中的情况往往比较复杂。由

于见义勇为发生时的情况比较危急，而实施救助行为的人又不是专业人员，因此，在实施见义勇为的过程中，可能由于方法不当，给被救助人造成一定的损害。一旦发生这种情况，见义勇为者是否应当承担责任呢？

这就涉及《民法典》中的“好人条款”。所谓“好人条款”，是《民法典》专门针对见义勇为行为设立的权利保护和免责条款。《民法典》第 183 条规定：“因保护他人民事权益使自己受到损害的，由侵权人承担民事责任，受益人可以给予适当补偿。没有侵权人、侵权人逃逸或者无力承担民事责任，受害人请求补偿的，受益人应当给予适当补偿。”第 184 条规定：“因自愿实施紧急救助行为造成受助人损害的，救助人不承担民事责任。”根据上述法律规定，见义勇为者如果受到伤害，在无法由侵权人承担责任的情况下，见义勇为的受益人应当承担补偿义务；如果因为见义勇为者的救助行为造成受助人损害，见义勇为者不需要承担责任。《民法典》之所以设立这样的条款，就是为了鼓励和保护见义勇为、助人为乐的行为，消除人们的后顾之忧，弘扬传统美德，倡导良好的社会风尚，激发全社会的正气和正能量。

根据《民法典》的上述规定，虽然张某在实施紧急救助的过程中，存在方法不当、用力过猛的过失，给被救助老人造成了一定的损害，但张某可以依法对上述损害免责。老人家属要求张某承担医疗费用的诉求没有法律依据，无法得到支持。

案例9：高空坠物无法确定责任人的，可能的加害人共同赔偿

——某小区高空坠物致人死亡案

【案情简介】

某小区相邻两栋楼的接缝处有一条狭窄的过道。由于从该过道出入小区较为便捷，所以小区居民经常从这里进出。但过道上方常有物品坠落，存在一定安全隐患。居民向物业公司反映后，物业公司同意在过道上方安装防护棚，但一直未能落实。

2020年4月某日，小区居民宋某途经过道，一个花盆从上方坠落，砸中宋某头部，造成宋某当场死亡。经过公安机关走访调查，无法确定花盆的所有人，这起意外事故的责任应当由谁承担，存在严重的分歧。宋某家属在与物业公司协商赔偿问题无果后，诉至法院，要求过道两侧二楼以上业主以及物业公司共同承担侵权责任，赔偿宋某的丧葬费、死亡赔偿金等。

【深度解析】

本案是一起典型的高空坠物造成严重损害的案例。在本案中，由于无法确定花盆究竟是从过道两侧哪一户坠落的，所以不能认定具体的侵权责任人。在这种情况下，受害人家属将过道两侧可能导致花盆坠落的业主以及物业公司作为被告，提起诉讼，要求相关业主和物业公司共同承担侵权责任，这样做是否有法律依据呢？

根据我国《民法典》第1254条的规定，法律首先禁止从建筑

物中抛掷物品，危害公共安全的行为。对于从建筑物中抛掷物品或者从建筑物上坠落的物品造成他人损害的，由侵权人依法承担侵权责任；经调查难以确定具体侵权人的，除能够证明自己不是侵权人的外，由可能加害的建筑物使用人给予补偿。可能加害的建筑物使用人补偿后，有权向侵权人追偿。一旦发生上述情况，公安等机关应当依法及时调查，查清责任人。同时，物业服务企业等建筑物管理人应当采取必要的安全保障措施防止高空抛物、坠物情况的发生；未采取必要的安全保障措施的，建筑物管理人应当依法承担未履行安全保障义务的侵权责任。

根据上述法律规定，在无法查明具体侵权人的情况下，宋某家属要求可能的加害人——过道两侧二层以上的业主共同承担赔偿责任，是有法律依据的。而物业公司在明知过道存在安全隐患的情况下，未采取防护措施，导致高空坠物致人死亡的事故发生，同样应当承担侵权责任。

值得注意的是，根据 2021 年 3 月 1 日起施行的《刑法修正案（十一）》规定，情节严重的高空抛物行为将构成犯罪，承担刑事责任。《刑法修正案（十一）》新增了《刑法》第 291 条之二："从建筑物或者其他高空抛掷物品，情节严重的，处一年以下有期徒刑、拘役或者管制，并处或者单处罚金。有前款行为，同时构成其他犯罪的，依照处罚较重的规定定罪处罚。"由于现代城市高层建筑密集，高空抛物、坠物存在巨大的安全隐患，责任人必须承担相应的民事、刑事责任。每个人都应当遵守法律和社会公德，约束自己的行为，避免因一时冲动或者粗心大意导致高空抛物、坠物情况的发生，以免害人害己。

第三章 商 法

案例1：合伙企业不得以合伙人执行合伙事务的限制对抗善意第三人

——某合伙企业合同案

【案情简介】

2013年7月，王某与自己的好友张某、李某、孙某约定成立一家商贸企业，以对外经销枸杞为经营范围，企业名称暂定为“某对外经销公司”。不久，四人便达成书面合伙协议，约定王某是该合伙企业的负责人并对外代表该合伙企业，其签约的责任权限是10万元以下的合同。

2013年8月，该合伙企业要与某食品公司签订购销合同，合同标的额将近100万元。由于该购销合同十分重要，王某需要将合同交给其余三人审查同意后，方可签字。为慎重起见，王某在征得其余三人同意后，以合伙企业的名义出具了一份函件交给某食品公司，声明王某只能在持有全体合伙人签名的授权委托书的情况下才能代表合伙企业在合同上签字。2013年9月，双方谈判顺利，对达成的协议非常满意。与此同时，王某认为该合同结果远高于预期标准，能够给合伙企业带来较大的利润，为避免对方反悔，他通过电话联系其余三人，要求立刻签署合同。最终，双方在合同上签字。

2014年1月，某小学急需一批电脑，该小学校长刘某便找到王某。王某得知后，主动与某电器公司联系并以合伙企业的名义签订了一份买卖合同，购进一批电脑，价值15万元。2014年3月，该批电脑解决了该小学的燃眉之急。与此同时，某电器公司也要求王某尽快支付货款。由于合伙企业流动资金周转不开，王某不能在合同约定的时间内支付货款。2014年6月，某电器公司要求合伙企业的其他合伙人承担连带责任，尽快支付货款。

其他合伙人认为，合伙协议中虽已明确约定王某对外代表合伙企业，但其签约的权限仅是10万元以下的合同。王某未经其他合伙人一致同意，擅自签订合同，违反合伙企业约定，该电脑订购合同无效，合伙企业不承担相关责任。此外，该合伙企业同时决定撤销王某的合伙企业负责人的资格，其不再对外代表该合伙企业。对此，某电器公司只得向法院提起诉讼。

【深度解析】

《合伙企业法》第2条第1款规定："本法所称合伙企业，是指自然人、法人和其他组织依照本法在中国境内设立的普通合伙企业和有限合伙企业。"由此可知，上述法条仅对合伙企业的构成、类型予以规定，并未明确规定合伙企业的内涵。《合伙企业法》第2条第2款、第3款规定："普通合伙企业由普通合伙人组成，合伙人对合伙企业债务承担无限连带责任。本法对普通合伙人承担责任的形式有特别规定的，从其规定。有限合伙企业由普通合伙人和有限合伙人组成，普通合伙人对合伙企业债务承担无限连带责任，有限合伙人以其认缴的出资额为限对合伙企业债务承担责任。"由此可知，合伙企业是指两个以上合伙人共同出资、共同经营、共享收益、共担风险，并对合伙企业债务承担无限连带责任的营利性组织。

本案中，王某与好友张某、李某、孙某约定成立一家商贸企业，以对外经销枸杞为经营范围，企业名称暂定为“某对外经销公司”。那么，自然人成立合伙企业需要哪些基本条件呢?《合伙企业法》第 14 条规定：“设立合伙企业，应当具备下列条件：（一）有二个以上合伙人。合伙人为自然人的，应当具有完全民事行为能力；（二）有书面合伙协议；（三）有合伙人认缴或者实际缴付的出资；（四）有合伙企业的名称和生产经营场所；（五）法律、行政法规规定的其他条件。”由此可知，自然人成立合伙企业，应符合法律对自然人数量，民事行为能力，合伙协议形式，合伙企业出资、名称、场所的基本要求。此外，如果所成立的合伙企业是有限合伙企业，还应符合法律的相关规定。《合伙企业法》第 60 条规定：“有限合伙企业及其合伙人适用本章规定；本章未作规定的，适用本法第二章第一节至第五节关于普通合伙企业及其合伙人的规定。”第 61 条规定：“有限合伙企业由二个以上五十个以下合伙人设立；但是，法律另有规定的除外。有限合伙企业至少应当有一个普通合伙人。”笔者认为，王某等四人成立的合伙企业属于普通合伙企业，并非有限合伙企业。那么，该合伙企业是否完全符合法律规定呢?

《合伙企业法》第 15 条规定：“合伙企业名称中应当标明‘普通合伙’字样。”第 62 条规定：“有限合伙企业名称中应当标明‘有限合伙’字样。”由此可知，合伙企业应在其名称中标明具体类型。《合伙企业登记管理办法》第 7 条规定：“合伙企业名称中的组织形式后应当标明‘普通合伙’、‘特殊普通合伙’或者‘有限合伙’字样，并符合国家有关企业名称登记管理的规定。”《企业名称登记管理规定》第6条规定："企业名称由行政区划名称、字号、行业或者经营特点、组织形式组成。跨省、自治区、直辖市经营的企业，其名称可以不含行政区划名称；跨行业综合经营的企业，其名称可以不含行业或者经营特点。"本案中，王某等四人成立的合伙企业属于普通合伙企业，但其名称却为"某对外经销公司"。笔者认为，该名称已经违反了上述法律规定，王某作为该合伙企业的负责人应尽快予以更改。

本案中，王某作为合伙企业的负责人，代表合伙企业对外签订了两份合同，一份涉及枸杞，另一份涉及电脑。那么，其代表合伙企业签订合同的行为是否产生相应的法律效力？《合伙企业法》第26条第1款、第2款规定："合伙人对执行合伙事务享有同等的权利。按照合伙协议的约定或者经全体合伙人决定，可以委托一个或者数个合伙人对外代表合伙企业，执行合伙事务。"由此可知，合伙协议中约定，王某是该合伙企业的负责人并对外代表该合伙企业，其签约的责任权限是10万元以下的合同，符合法律规定。《合伙企业法》第28条第1款规定："由一个或者数个合伙人执行合伙事务的，执行事务合伙人应当定期向其他合伙人报告事务执行情况以及合伙企业的经营和财务状况，其执行合伙事务所产生的收益归合伙企业，所产生的费用和亏损由合伙企业承担。"由此可知，王某代表合伙企业分别与某食品公司、某电器公司签订购销合同，该合伙企业应依照合同约定行使权利并履行义务。

本案中，合伙企业中的合伙人张某、李某及孙某对王某签订的食品合同并无异议，但对王某签订的电脑合同颇有意见，认为王某未经其他合伙人一致同意擅自签订合同，违反合伙企业约定，该电脑订购合同无效，合伙企业不承担相关责任。该问题即涉及合伙人对外行为的法律效力。《合伙企业法》第 37 条规定:“合伙企业对合伙人执行合伙事务以及对外代表合伙企业权利的限制,不得对抗善意第三人。”由此可知,合伙企业中的负责人代表合伙企业从事日常行为,特别是涉及合同签订、财产处分、债务承担等行为时,通常会被善意第三人认为是全体合伙人的默示授权。与此同时,当合伙企业的负责人所实施的行为超出合伙协议约定的范围,特别是法律规定必须经全体合伙人一致同意的行为时,知情第三人应当在确定合伙企业负责人存在正当授权的情况下,才能与之签订合同;否则,应被认为存在恶意。

本案中,王某在未经其他合伙人的一致同意下,便违反合伙协议约定,与某电脑公司签订了购销合同。该电脑公司作为第三人,对王某违反合伙企业约定的行为并不知情,且不存在恶意签订合同的情形,属于法律所规定的善意第三人。因此,王某代表合伙企业所签订的电脑合同符合法律规定,合伙企业应按照合同约定履行义务。那么,对于王某违反合伙协议的行为,其他合伙人所采取的措施是否得当?《合伙企业法》第 29 条第 2 款规定:“受委托执行合伙事务的合伙人不按照合伙协议或者全体合伙人的决定执行事务的,其他合伙人可以决定撤销该委托。”笔者认为,其他合伙人撤销王某合伙企业负责人的资格不仅符合法律规定,也是得当的。

案例2：个人独资企业投资人以其个人财产对企业债务承担无限责任

——胡某某设立个人独资企业案

【案情简介】

2008年9月，胡某某通过研究生考试进入某大学，并且其在经济上完全独立于自己的家庭。2009年3月，胡某某在工商局注册成立了一家关于计算机业务的个人独资企业，取名为“某计算机业务有限责任公司”，注册资本为人民币1元。企业成立后，营业形势看好，收入丰盈。2009年11月，胡某某的同学王某某协议参加该个人独资企业的投资经营，并注入资金5万元人民币。2009年12月，胡某某聘用员工5名，但其认为企业是自己开办的私人企业，并不需要为员工办理社会保险，也不需要与员工签订劳动合同。2010年5月，由于经营不善，该企业负债高达20万元。2010年8月，胡某某最终决定解散企业，但因为企业财产不足清偿而被债权人及员工诉诸法院。法院审理后认为，胡某某与王某某已经形成事实上的合伙关系，判决责令二人补充办理职工的社会保险并对该企业的债务承担无限连带责任。

【深度解析】

个人独资企业是最古老、最简单的企业组织形式，即由个人出资经营、控制管理、承担风险及享有收益的企业，主要盛行于零售业、手工业、农业、林业、渔业、服务业和家庭作坊等。与此同时，国家还通过法律对个人独资企业予以规范。《个人独资企业法》第1条规定："为了规范个人独资企业的行为，保护个人独资企业投资人和债权人的合法权益，维护社会经济秩序，促进社会主义市场经济的发展，根据宪法，制定本法。"第2条规定："本法所称个人独资企业，是指依照本法在中国境内设立，由一个自然人投资，财产为投资人个人所有，投资人以其个人财产对企业债务承担无限责任的经营实体。"由此可知，上述法条不仅详细表述了立法目的，还明确界定了"个人独资企业"的基本内涵。

本案中，作为研究生的胡某某，虽然其在经济上完全独立于自己的家庭，但其尚未步入社会，其设立个人独资企业的行为是否合乎法律规定？笔者认为，胡某某设立个人独资企业的行为合乎法律规定。《个人独资企业法》第8条规定："设立个人独资企业应当具备下列条件：（一）投资人为一个自然人；（二）有合法的企业名称；（三）有投资人申报的出资；（四）有固定的生产经营场所和必要的生产经营条件；（五）有必要的从业人员。"第10条规定："个人独资企业设立申请书应当载明下列事项：（一）企业的名称和住所；（二）投资人的姓名和居所；（三）投资人的出资额和出资方式；（四）经营范围。"由此可知，我国自然人可以单独投资设立个人独资企业，设立时法律仅要求投资人申报出资额和出资方式，并不要求缴纳最低注册资本金。因此，胡某某以1元人民币经法定工商登记程序投资设立个人独资企业的做法，符合法律规定。

需要注意的是，胡某某所成立个人独资企业名称却有不妥之处。《个人独资企业法》第11条规定："个人独资企业的名称应当与其责任形式及从事的营业相符合。"《个人独资企业登记管理办法》第6条规定："个人独资企业的名称应当符合名称登记管理有关规定，并与其责任形式及从事的营业相符合。个人独资企业的名称中不得使用‘有限’、‘有限责任’或者‘公司’字样。”由此可知，个人独资企业是由个人承担无限责任的企业组织形式，理应在企业名称中体现。胡某某所设立的个人独资企业名称为“某计算机业务有限公司”，使人误以为是“有限责任公司”。因此，胡某某应对其个人独资企业名称予以修改。

本案中，胡某某的同学王某某协议参加该个人独资企业的投资经营，并注入投资5万元人民币，此种行为是否符合法律规定呢？《个人独资企业法》第8条规定：“设立个人独资企业应当具备下列条件：（一）投资人为一个自然人……”第15条规定：“个人独资企业存续期间登记事项发生变更的，应当在作出变更决定之日起的十五日内依法向登记机关申请办理变更登记。”由此可知，个人独资企业的投资人只能是一名自然人，不得违反该法定标准。胡某某的同学王某某协议参加该个人独资企业的投资经营，并注入资金5万元人民币，致使该个人独资企业的投资人成为两人，不仅违反法律规定，还使企业性质发生根本改变，变为个人合伙企业。因此，胡某某如允许他人参加投资经营，必须依法办理变更登记，并改变为其他性质的企业，因为此时已经不符合个人独资企业的法定条件。

那么，胡某某未给员工办理社会保险，也没有同员工签订劳动合同的行为，是否符合法律规定呢？《劳动法》第16条第2款规定：“建立劳动关系应当订立劳动合同。”第72条规定：“社会保险基金按照保险类型确定资金来源，逐步实行社会统筹。用人单位和劳动者必须依法参加社会保险，缴纳社会保险费。”《劳动合同法》第7条规定：“用人单位自用工之日起即与劳动者建立劳动关系。

用人单位应当建立职工名册备查。”《社会保险法》第 12 条第 1 款规定：“用人单位应当按照国家规定的本单位职工工资总额的比例缴纳基本养老保险费，记入基本养老保险统筹基金。”《个人独资企业法》第 22 条规定：“个人独资企业招用职工的，应当依法与职工签订劳动合同，保障职工的劳动安全，按时、足额发放职工工资。”第 23 条规定：“个人独资企业应当按照国家规定参加社会保险，为职工缴纳社会保险费。”由此可知，胡某某应依法与员工签订劳动合同，并为其办理社会保险。

本案中，胡某某的企业最终因资不抵债而被债权人及其员工诉至法院。那么，上述原告能否向胡某某的家人主张债权及工资呢？根据《个人独资企业法》第 2 条的规定，个人独资企业的投资人以其个人财产对企业债务承担无限责任。第 18 条规定：“个人独资企业投资人在申请企业设立登记时明确以其家庭共有财产作为个人出资的，应当依法以家庭共有财产对企业债务承担无限责任。”由此可知，胡某某在经济上完全独立于其家庭，并且法律规定只有投资人在申请设立个人独资企业登记时明确以其家庭共有财产作为个人出资的，才可依法以其家庭共有财产对企业债务承担无限责任。因此，债权人及员工不能向胡某某的家庭提出主张，而是由胡某某个人承担无限责任。

本案中，法院最终判决胡某某、王某某二人对企业债务承担无限连带责任，该判决是否合法呢？笔者认为，该判决符合法律规定。在王某某未成为企业投资人之前，该企业在性质上属于个人独资企业；但在王某某成为企业投资人之后，该企业在性质上则属于个人合伙企业。《合伙企业法》第 2 条第 2 款规定：“普通合伙企业由普通合伙人组成，合伙人对合伙企业债务承担无限连带责任。本法对普通合伙人承担责任的形式有特别规定的，从其规定。”因此，作为普通合伙人的胡某某与王某某，应依法对合伙企业债务承担无限连带责任。

案例3：加强保险业的监督管理，促进保险业的健康发展

——某保险公司编制虚假资料案

【案情简介】

保监会接到群众举报，反映某保险锦州支公司部分种植险业务存在冒用农户名义虚假承保，并通过虚假理赔返还代垫农户自缴保费及垫付资金利息的严重问题。接到举报后，保监会立刻组成人员展开调查。经初步调查，某保险锦州支公司确实存在上述违法情形，其涉及虚假保费993.25万元，虚假赔款238.17万元。调查人员还发现某保险辽宁分公司在对某保险锦州支公司农险业务进行核保核赔时，未严格履行审核职责，导致承保理赔数据不真实问题发生。时任某保险辽宁分公司分管农险业务的副总经理杨建某、农业保险部总经理司高某、农业保险部分管理赔的总经理助理王洪某对上述行为负有直接责任。最终，保监会依据相关法律规定对某保险辽宁分公司罚款30万元；并对杨建某警告，罚款3万元；对司高某警告，罚款5万元；对王洪某警告，罚款5万元。

【深度解析】

本案中，某保险锦州支公司部分种植险业务存在冒用农户名义

虚假承保，并通过虚假理赔返还代垫农户自缴保费及垫付资金利息的严重问题，应依法承担相应的法律责任。《保险法》第170条规定："违反本法规定，有下列行为之一的，由保险监督管理机构责令改正，处十万元以上五十万元以下的罚款；情节严重的，可以限制其业务范围、责令停止接受新业务或者吊销业务许可证：（一）编制或者提供虚假的报告、报表、文件、资料的……"由此可知，某保险锦州支公司应依法承担相应的法律责任，即接受保监会的行政罚款。

需要注意的是，本案极有可能构成虚假理赔罪。《刑法》第183条第1款规定："保险公司的工作人员利用职务上的便利，故意编造未曾发生的保险事故进行虚假理赔，骗取保险金归自己所有的，依照本法第二百七十一条的规定定罪处罚。"第271条规定："公司、企业或者其他单位的工作人员，利用职务上的便利，将本单位财物非法占为己有，数额较大的，处三年以下有期徒刑或者拘役，并处罚金；数额巨大的，处三年以上十年以下有期徒刑，并处罚金；数额特别巨大的，处十年以上有期徒刑或者无期徒刑，并处罚金。国有公司、企业或者其他国有单位中从事公务的人员和国有公司、企业或者其他国有单位委派到非国有公司、企业以及其他单位从事公务的人员有前款行为的，依照本法第三百八十二条、第三百八十三条的规定定罪处罚。"

第四章 行政法

案例1：公务员在辞职后两年内不得到与原工作业务直接相关的企业任职

——孙某辞职并出任某企业高管案

【案情简介】

孙某原为某省级国家机关处级干部。后孙某辞去公职，并出任该省某集团总经理。由于该集团与孙某原分管工作关系密切，某省人事厅责令孙某辞去总经理职务，遭到孙某拒绝。人事厅遂将孙某的违法任职情况通报给工商部门，工商部门对孙某作出没收在某集团任职期间违法所得的处罚决定，责令某集团辞退孙某并处以罚款。

【深度解析】

作为一名公务人员，应严格遵循法律规定。《公务员法》第14条规定："公务员应当履行下列义务……（七）清正廉洁，公道正派……"由此可知，清正廉洁、公道正派是公务人员的法定义务和职责，必须严格遵守和履行。为确保公务人员的廉洁性，法律还对公务人员辞职和退休后的个人行为予以规范。

《公务员法》第85条规定："公务员辞去公职，应当向任免机关提出书面申请。任免机关应当自接到申请之日起三十日内予以审批，其中对领导成员辞去公职的申请，应当自接到申请之日起九十日内予以审批。”第 107 条第 1 款规定：“公务员辞去公职或者退休的，原系领导成员、县处级以上领导职务的公务员在离职三年内，其他公务员在离职两年内，不得到与原工作业务直接相关的企业或者其他营利性组织任职，不得从事与原工作业务直接相关的营利性活动。”由此可知，为确保公务人员的廉洁性和不可收买性，公务员在辞职或者退休后的一段时间内，不得到与原工作业务直接相关的企业或者其他营利性组织任职，也不得从事与原工作业务直接相关的营利性活动。然而，作为国家机关干部的孙某在辞职后到与其存在业务关系的某集团任职，显然违反了上述法律规定。

《公务员法》第 107 条第 2 款规定：“公务员辞去公职或者退休后有违反前款规定行为的，由其原所在机关的同级公务员主管部门责令限期改正；逾期不改正的，由县级以上市场监管部门没收该人员从业期间的违法所得，责令接收单位将该人员予以清退，并根据情节轻重，对接收单位处以被处罚人员违法所得一倍以上五倍以下的罚款。”由此可知，对于孙某的违法行为，相关责任部门应依法予以查处，确保法律规范的权威性、公务人员的廉洁性。

案例2：严肃行政机关纪律，规范公务人员行为

——某省行政机关公务员违纪违法相关案例

【案情简介】

案例一：

A 市地税局分 6 批组织所属地税干部职工进行培训。培训期间，该局组织每批干部职工用两天时间在当地旅游，用公款支付旅游费用共计 50.4 万元。不久，某省监察厅即接到有关群众的实名举报，相关部门随即展开调查。A 市地税局燕某因履行主体责任不力受到党内严重警告处分，并被免去党组书记、局长职务，其他相关责任人员受到撤销党内职务、党内严重警告、行政撤职等党纪政纪处分。

案例二：

B 市纪律、监察部门对 B 市中小企业局原党组成员、副局长田某斌的严重违纪问题进行了立案审查。经查，田某斌在担任 B 市中小企业局副局长期间，违反廉洁自律规定，为其女儿婚事大操大办，并借机收受管理和服务对象礼金，并利用职务上的便利，为他人谋取利益，收受贿赂。其中，受贿问题涉嫌犯罪。依据《中国共产党纪律处分条例》和《行政机关公务员处分条例》有关规定，经 B 市纪委监察局研究并报请 B 市市委、市政府批准，决定给予田某斌开除党籍、开除公职处分，将其涉嫌犯罪问题移送司法机关处理。

案例三：

C 市纪检、监察部门对 D 县县委原副书记、县长程某春严重违

纪违法问题立案审查。经查，程某春在担任E县副县长、H县县委常委、组织部长和D县县长期间，违反政治规矩和组织人事纪律，搞非组织活动；违反廉洁自律规定，收受礼金、礼品，挥霍浪费公共财产；违反中央规定精神，超标准占用办公用房及公务用车；利用职务上的便利，为亲友的经营活动谋取利益；利用职务上的便利，贪污公共财物；利用职务上的便利，为他人谋取利益，收受贿赂。其上述行为已构成严重违纪，其中，贪污、受贿问题涉嫌犯罪。经C市纪委、监察局研究并报C市市委、市政府批准，决定给予程某春开除党籍、开除公职处分，并收缴其违纪所得，将其涉嫌犯罪问题、线索及所涉款物移送司法机关依法处理。

【深度解析】

《行政机关公务员处分条例》第1条规定："为了严肃行政机关纪律，规范行政机关公务员的行为，保证行政机关及其公务员依法履行职责，根据《中华人民共和国公务员法》和《中华人民共和国行政监察法》，制定本条例。"由此可知，行政机关纪律是为了保障实现行政机关的工作目的，维护行政机关的工作秩序，要求行政机关的公务员严格遵守的纪律规范。那么，作为行政机关公务员应遵守哪些纪律规范呢？

《公务员法》第59条规定："公务员应当遵纪守法，不得有下列行为：（一）散布有损宪法权威、中国共产党和国家声誉的言论，组织或者参加旨在反对宪法、中国共产党领导和国家的集会、游行、示威等活动；（二）组织或者参加非法组织，组织或者参加罢工；（三）挑拨、破坏民族关系，参加民族分裂活动或者组织、利用宗教活动破坏民族团结和社会稳定；（四）不担当，不作为，玩忽职守，贻误工作；（五）拒绝执行上级依法作出的决定和命令；（六）对批评、申诉、控告、检举进行压制或者打击报复；（七）弄虚作假，误导、欺骗领导和公众；（八）贪污贿赂，利用职务之便为自己或者他人谋取私利；（九）违反财经纪律，浪费国家资财；（十）滥用职权，侵害公民、法人或者其他组织的合法权益；（十一）泄露国家秘密或者工作秘密；（十二）在对外交往中损害国家荣誉和利益；（十三）参与或者支持色情、吸毒、赌博、迷信等活动；（十四）违反职业道德、社会公德和家庭美德；（十五）违反有关规定参与禁止的网络传播行为或者网络活动；（十六）违反有关规定从事或者参与营利性活动，在企业或者其他营利性组织中兼任职务；（十七）旷工或者因公外出、请假期满无正当理由逾期不归；（十八）违纪违法的其他行为。”由此可知，行政机关公务员应遵守的纪律规范多达十几种，涉及多个方面。与此同时，中国共产党是我国的执政党，行政机关公务员大都兼具共产党员身份，在遵守行政机关纪律的同时，还应严格遵守党的纪律约束。

案例一中，A市地税局借组织干部职工培训的机会，竟私自安排干部职工在当地旅游，并用公款支付相关费用。此种利用公款旅游的违纪行为，应依法给予相应的纪律处分。《行政机关公务员处分条例》第24条规定：“违反财经纪律，挥霍浪费国家资财的，给予警告处分；情节较重的，给予记过或者记大过处分；情节严重的，给予降级或者撤职处分。”由此可知，公款旅游行为是对国家资产的挥霍与浪费，不仅严重损害了党和政府的形象，败坏了党风政风，影响了党群、干群关系，滋长了享乐主义，还极易诱发腐败问题。与此同时，如果党员干部公款旅游，还应受到党纪处理。《中国共产党纪律处分条例》第105条规定：“有下列行为之一，对直接责任者和领导责任者，情节较轻的，给予警告或者严重警告处分；情节较重的，给予撤销党内职务或者留党察看处分；情节严重的，给予开除党籍处分：（一）公款旅游或者以学习培训、考察调研、职工疗养等为名变相公款旅游的；（二）改变公务行程，借机旅游的；（三）参加所管理企业、下属单位组织的考察活动，借机旅游的。以考察、学习、培训、研讨、招商、参展等名义变相用公款出国（境）旅游的，依照前款规定处理。”由此可知，身为局长的燕某对干部职工用公款旅游的行为，应承担纪律责任。

案例二中，田某斌在担任B市中小企业局副局长期间，违反廉洁自律规定，为其女儿婚事大操大办，借机收受管理和服务对象礼金，并利用职务上的便利，为他人谋取利益，收受贿赂。《行政机关公务员处分条例》第23条规定：“有贪污、索贿、受贿、行贿、介绍贿赂、挪用公款、利用职务之便为自己或者他人谋取私利、巨额财产来源不明等违反廉政纪律行为的，给予记过或者记大过处分；情节较重的，给予降级或者撤职处分；情节严重的，给予开除处分。”笔者认为，田某斌不只是一名普通的行政公务员，还是一名党员领导干部，其利用女儿结婚的机会收取礼金，并利用职务上的便利，为他人谋取利益，收受贿赂，情节严重，应给予开除公职的处分。

案例三中，D县县委原副书记、县长程某春不仅严重违反财经纪律，甚至还违反政治纪律、组织纪律。《行政机关公务员处分条例》第18条第1款规定：“有下列行为之一的，给予记大过处分；情节较重的，给予降级或者撤职处分；情节严重的，给予开除处分……（八）其他违反政治纪律的行为。”第19条规定：“有下列行为之一的，给予警告、记过或者记大过处分；情节较重的，给予降级或者撤职处分；情节严重的，给予开除处分……（八）其他违反组织纪律的行为。”由此可知，程某春的违纪情节严重，应依法开除其公职，并收缴其违纪所得。需要注意的是，行政机关公务人员一旦被判处刑罚，则应一律开除公职。《行政机关公务员处分条例》第17条第2款规定：“行政机关公务员依法被判处刑罚的，给予开除处分。”

案例3：发信息骚扰他人、干扰他人正常生活的，可依法予以行政拘留

——留学生要挟女子被行政拘留案

【案情简介】

2015年3月6日，公安局接到荣某的报警。荣某称，从2015年1月18日开始，留学生麦某便多次要求同她发生性关系。因自己不同意，麦某多次以曝光她的私密照片进行威胁。此外，麦某还多次通过微信向荣某发送淫秽信息，严重干扰其正常生活。很快，警方便传唤了麦某，并对其进行了询问。荣某向警方提供了她与麦某的微信聊天记录，警方也从麦某手机内提取了涉案信息。

2015年3月12日，公安局作出处罚决定，对麦某行政拘留5日，并在处罚前告知其处罚的事实和理由。麦某当即表示不服，麦某称，他与荣某是男女朋友关系，荣某的私密照片也是她本人通过微信自愿发送的。自己没有威胁荣某，也没有干扰她的正常生活，并且公安局未依照程序作出行政处罚决定。在行政拘留执行完毕后，麦某将公安局起诉至法院，要求撤销该行政处罚。

2015年7月，法院受理了此案。麦某向法庭提交了荣某的谅解书以及聊天记录等证据，证明他与荣某当时只是感情纠纷，两人是自愿互发私密照片的。警方的代理人辩称，处罚麦某依据的是《治安管理处罚法》的相关规定，属于正常行使职权。接到荣某的报案后，警方传唤了麦某，制作了笔录，并听取了麦某的陈述和辩解，麦某也签字认可。警方作出的处罚决定程序合法，适用法律正确，量罚适当，请求法院驳回其诉讼请求。

法院审理后认为，该案中有荣某的报案，公安局查取两人的聊天记录，制作两人的询问笔录，麦某手机中保存的双方身份信息及荣某的照片等证据，已形成了证据链，彼此能相互印证，证明麦某有多次向荣某发送淫秽、恐吓信息，干扰荣某正常生活的行为。而麦某却不能提供公安局认定事实错误的证据，只有其单方陈述，不能否定相关证据证明的事实。与此同时，公安局在对麦某进行行政处罚的过程中，履行了受案、传唤、调查取证、告知、作出处罚决定、送达等行政程序，符合法律规定，麦某也没有证据证明公安局在处罚过程中违反了相关法定程序。

最终，法院认为，警方对麦某作出的行政拘留5日的处罚决定，认定事实清楚，证据充分，程序并无不当，适用法律正确，处罚适当，麦某请求撤销公安局作出的处罚决定，缺乏事实和法律依据，不予支持，据此驳回麦某的诉讼请求。

【深度解析】

行政处罚，是指特定的行政机关或法定授权组织、行政委托组织依法对违反行政管理秩序但尚未构成犯罪的个人或组织予以制裁的行政行为。行政处罚应严格遵循以下原则：第一，处罚法定原则。行政处罚必须依据法律、法规或者规章的规定实施，必须由行政机关或法定授权组织、行政委托组织依照法定程序进行。第二，公正、公开原则。行政处罚的依据必须公开，凡是涉及对违法行为给予行政处罚的规范必须公布。第三，责罚相当原则。行政机关给予当事人的行政处罚应与其承担的行政责任相适应。第四，权利保障原则。行政机关在作出行政处罚决定前，应告知当事人理由、依据和救济权利、途径，并听取当事人的意见。第五，责任专属原则。公民、法人或者非法人组织的违法行为已经构成犯罪，应当依法追究刑事责任，不得以行政处罚代替刑事处罚。

本案中，留学生麦某不仅以曝光私密照片为由要挟荣某同自己发生性关系，而且多次通过微信向其发送淫秽信息，麦某的行为已严重干扰荣某的正常生活。对此，荣某选择向警方求助，在调查后，警方依法对麦某作出行政拘留 5 日的处罚决定。《治安管理处罚法》第 42 条规定："有下列行为之一的，处五日以下拘留或者五百元以下罚款；情节较重的，处五日以上十日以下拘留，可以并处五百元以下罚款……（五）多次发送淫秽、侮辱、恐吓或者其他信息，干扰他人正常生活的……"《人民警察法》第 7 条规定："公安机关的人民警察对违反治安管理或者其他公安行政管理法律、法规的个人或者组织，依法可以实施行政强制措施、行政处罚。"由此可知，警方所作的行政处罚决定于法有据，麦某理应承担相应的行政责任。在接到行政处罚决定后，麦某当即表示不服，认为警方未依照程序作出行政处罚决定，向法院提起诉讼，要求撤销该行政处罚决定。笔者认为，警方是严格依照程序作出行政处罚决定的，并且事实清楚、证据充分，是完全符合法律规定的。

《行政处罚法》第 44 条规定："行政机关在作出行政处罚决定

之前，应当告知当事人拟作出的行政处罚内容及事实、理由、依据，并告知当事人依法享有的陈述、申辩、要求听证等权利。”第45条规定：“当事人有权进行陈述和申辩。行政机关必须充分听取当事人的意见，对当事人提出的事实、理由和证据，应当进行复核；当事人提出的事实、理由或者证据成立的，行政机关应当采纳。行政机关不得因当事人陈述、申辩而给予更重的处罚。”第62条规定：“行政机关及其执法人员在作出行政处罚决定之前，未依照本法第四十四条、第四十五条的规定向当事人告知拟作出的行政处罚内容及事实、理由、依据，或者拒绝听取当事人的陈述、申辩，不得作出行政处罚决定；当事人明确放弃陈述或者申辩权利的除外。”由此可知，法律赋予了行政相对人陈述、申辩等救济权利，确保其合法权益免受行政机关的公权力侵害。与此同时，如果行政机关违反上述程序规定，其所作出的行政处罚决定不能成立。那么，在接到行政处罚决定后，如果麦某当即向法院提起行政诉讼，该行政处罚能否因此而暂停执行呢？

《行政处罚法》第66条规定：“行政处罚决定依法作出后，当事人应当在行政处罚决定书载明的期限内，予以履行。当事人确有经济困难，需要延期或者分期缴纳罚款的，经当事人申请和行政机关批准，可以暂缓或者分期缴纳。”第73条规定：“当事人对行政处罚决定不服，申请行政复议或者提起行政诉讼的，行政处罚不停止执行，法律另有规定的除外。当事人对限制人身自由的行政处罚决定不服，申请行政复议或者提起行政诉讼的，可以向作出决定的机关提出暂缓执行申请。符合法律规定情形的，应当暂缓执行。当事人申请行政复议或者提起行政诉讼的，加处罚款的数额在行政复议或者行政诉讼期间不予计算。”由此可知，在收到行政处罚决定后，麦某应在行政处罚决定的期限内予以履行，不能以提起行政诉讼为由暂停执行。那么，法律对此是否存在例外规定呢？《行政诉讼法》第 56 条第 1 款规定：“诉讼期间，不停止行政行为的执行。但有下列情形之一的，裁定停止执行：（一）被告认为需要停止执行的；（二）原告或者利害关系人申请停止执行，人民法院认为该行政行为的执行会造成难以弥补的损失，并且停止执行不损害国家利益、社会公共利益的；（三）人民法院认为该行政行为的执行会给国家利益、社会公共利益造成重大损害的；（四）法律、法规规定停止执行的。”由此可知，法律规定了四种诉讼期间停止执行行政行为的情形，其目的以维护国家利益、社会公共利益以及行政行为的合法性为主。本案中，麦某是在履行完行政处罚后才提起行政诉讼的，不存在停止执行的问题。

案例 4：拆除违法建筑结构，加强城乡规划管理

——某区城管局依法强制拆除违法建筑案

【案情简介】

2010 年 11 月 19 日，某区城市管理行政执法局接到市民举报，反映某区内存在违法建筑。接到举报后，某区城管局立刻派人前往调查，发现该住户在阳台上私自搭建违法建筑，遂要求其立即拆除。2010 年 12 月初，某区城管局在例行检查过程中，发现该违法建筑依然存在。2010 年 12 月 26 日，某区城管局依法向该违法建筑的当事人作出“限期十五日自行拆除”的行政处罚决定。

当事人不服该决定，先向某市城市管理行政执法局申请行政复

议，该局作出维持某区城管局行政处罚的决定。随后，当事人又以某区城管局为被告向法院提起行政诉讼，一审法院判决驳回当事人请求，维持某区城管局行政处罚的决定。当事人向中级人民法院提起上诉，二审法院最终驳回当事人请求，维持某区城管局行政处罚的决定。

2012 年 3 月 26 日，经某区管委会研究决定，某区城管局依法向当事人作出履行行政处罚催告通知书，催促其自行履行行政处罚决定义务。2012 年 6 月 15 日，当事人逾期仍不履行行政处罚决定义务，且无正当理由。2012 年 6 月 20 日，某区城管局依法强制对违法建筑予以拆除。

【深度解析】

行政强制，是指行政机关或者行政机关申请人民法院对不履行行政决定的公民、法人或者非法人组织依法强制履行义务的行为。行政强制具有以下特点：第一，行政强制以公民、法人或非法人组织拒不履行行政义务为前提，并具有不履行的故意，表现为从事法律禁止的行为和不履行法律所规定的义务。第二，行政强制以强制公民、法人或非法人组织履行行政义务为目的，且强制执行以行政义务为限，不超出当事人承担的行政义务范围。第三，行政强制以申请人民法院强制执行为原则，以行政机关自行强制执行为例外。

本案中，某区的住户在阳台上私自搭建违法建筑，该行为已经违反了相关法律规定，属于违法行为。《城乡规划法》第 9 条第 1 款规定："任何单位和个人都应当遵守经依法批准并公布的城乡规划，服从规划管理，并有权就涉及其利害关系的建设活动是否符合规划的要求向城乡规划主管部门查询。"第 66 条规定："建设单位或者个人有下列行为之一的，由所在地城市、县人民政府城乡规划主管部门责令限期拆除，可以并处临时建设工程造价一倍以下的罚款：（一）未经批准进行临时建设的；（二）未按照批准内容进行临时建设的；（三）临时建筑物、构筑物超过批准期限不拆除的。”由此可知，该住户私自搭建违法建筑的行为已经违反了城乡规划法律规范，理应依法承担相应的法律责任。

《城乡规划法》第 68 条规定：“城乡规划主管部门作出责令停止建设或者限期拆除的决定后，当事人不停止建设或者逾期不拆除的，建设工程所在地县级以上地方人民政府可以责成有关部门采取查封施工现场、强制拆除等措施。”《苏州市城乡规划条例》第 43 条规定：“自然资源和规划主管部门作出责令停止建设或者限期拆除的决定后，当事人不停止建设或者逾期不拆除的，由城市管理行政执法部门依法采取查封施工现场、强制拆除等措施。”由此可知，该住户私自搭建的违法建筑应自行予以拆除，逾期仍不拆除的，应由某区城管局强制拆除。需要注意的是，城管局作为行政机关，具备一定的行政强制执行权，可强制要求当事人履行行政义务。

本案中，当事人不服某区城管局所作的行政处罚决定，申请行政复议，并提起行政诉讼，最终被中级人民法院驳回其诉讼请求。这表明，某区城管局所作的行政处罚决定完全符合法律规定和程序要求，当事人应依法履行。对当事人拒不履行行政处罚的情形，法律均有明确规定。《行政强制法》第 34 条规定：“行政机关依法作出行政决定后，当事人在行政机关决定的期限内不履行义务的，具有行政强制执行权的行政机关依照本章规定强制执行。”第 35 条规定：“行政机关作出强制执行决定前，应当事先催告当事人履行义务。催告应当以书面形式作出，并载明下列事项：（一）履行义务的期限；（二）履行义务的方式；（三）涉及金钱给付的，应当有明确的金额和给付方式；（四）当事人依法享有的陈述权和申辩权。”第37条第1款规定：“经催告，当事人逾期仍不履行行政决定，且无正当理由的，行政机关可以作出强制执行决定。”由此可知，当事人在行政机关决定的期限内拒不履行义务的，行政机关可经催告程序后作出强制执行决定。

笔者认为，执行催告是行政强制执行的前置程序，是维护被执行人合法权益的重要保障。具体表现为：第一，执行催告是行政相对人享有、行使陈述权和申辩权的程序保障。在强制执行程序中，行政相对人通过行政机关的执行催告可以及时获知强制执行的基本情况，从而有效行使陈述权和申辩权。第二，执行催告有利于行政目的之实现。《行政强制法》第5条规定：“行政强制的设定和实施，应当适当。采用非强制手段可以达到行政管理目的的，不得设定和实施行政强制。”执行催告本质上是一种通知行为，并不涉及强制执行手段。通过该程序，部分未履行义务的行政相对人因慑于行政强制手段的威力而选择主动履行义务，从而实现原有目的。第三，执行催告是实现教育与强制相结合的有效手段。《行政强制法》第6条规定：“实施行政强制，应当坚持教育与强制相结合。”催告行政相对人，是行政机关尽其最大努力教育和劝导行政相对人自觉履行义务的具体表现，是有效降低行政强制执行所造成的矛盾纠纷的重要手段。

综上所述，某区城管局对该住户私自搭建违法建筑而作出限期自行拆除的行政处罚决定并最终予以强制拆除的行政行为是完全符合法律规定的。

案例5：公务员不得拒绝执行上级行政机关依法作出的行政决定

——某区建设环保局局长刘某受处分案

[案情简介]

某区管委会召开信访维稳工作会，要求某区建设环保局局长助理王某负责尽快解决该市某小区停水问题。但会后，王某并未将会议要求事项向局长刘某汇报，刘某也未过问会议内容及分配的任务，致使某小区停水问题未能及时解决，严重影响小区居民的正常生活，在社会上造成不良影响。经某市监察局局长办公会议研究，决定给予刘某行政警告处分。经某区管委会党政联席会议研究，决定给予王某行政记过处分。

【深度解析】

监察，是指国家机关依照法律规定对行使公权力的公职人员实施具有法律效力的监察行为。《监察法》第1条规定：“为了深化国家监察体制改革，加强对所有行使公权力的公职人员的监督，实现国家监察全面覆盖，深入开展反腐败工作，推进国家治理体系和治理能力现代化，根据宪法，制定本法。”

本案中，某区建设环保局局长助理王某在参加某区管委会召开的信访维稳工作会后，并未在第一时间将某小区停水问题向局长刘某汇报，并且负有行政管理职责的刘某也未及时询问会议内容及分配的任务，致使某小区停水问题未能及时解决，严重影响小区居民的正常生活，在社会上造成不良影响，属于典型的行政不作为。

《监察法》第 11 条规定：“监察委员会依照本法和有关法律规定履行监督、调查、处置职责：（一）对公职人员开展廉政教育，对其依法履职、秉公用权、廉洁从政从业以及道德操守情况进行监督检查；（二）对涉嫌贪污贿赂、滥用职权、玩忽职守、权力寻租、利益输送、徇私舞弊以及浪费国家资财等职务违法和职务犯罪进行调查；（三）对违法的公职人员依法作出政务处分决定；对履行职责不力、失职失责的领导人员进行问责；对涉嫌职务犯罪的，将调查结果移送人民检察院依法审查、提起公诉；向监察对象所在单位提出监察建议。”由此可知，某区建设环保局局长刘某及其助理王某怠于执行其上级某区管委会的行政决定，致使某小区停水问题未能及时解决，应依法承担相应的行政法律责任。

《行政机关公务员处分条例》第 19 条规定：“有下列行为之一的，给予警告、记过或者记大过处分；情节较重的，给予降级或者撤职处分；情节严重的，给予开除处分……（二）拒绝执行上级依法作出的决定、命令的……”需要注意的是，行政监察法以程序性规定为主要内容，涉及监察机关、监察人员、监察职责、监察权限、监察程序及法律责任等方面，行政机关在作出具体行政处分时，应以公务员相关的法律规范为依据。

案例6：行政行为侵犯自身合法权益时，公民可依法提出行政复议申请

——骆某申请行政复议案

【案情简介】

2014年11月1日，骆某在某电商上购买某网店销售的精品包装红枣，这些红枣每袋标称500克。在收到货物后，骆某发现存在缺斤短两的情况，便与某网店进行联系，要求对方予以赔偿，但双方均未达成任何协议。2014年12月24日，骆某通过12365网上热线，向A市质监局某区分局申诉举报，该分局随即启动了相关处理程序。但由于某网店注册地在B市某区，该分局便把情况通报给B市质监局，由其依法处理，并将此情况以《12365质量热线举报调查处理告知书》的形式告知骆某。

在骆某看来，某区分局并没有履行法定职责，属于典型的行政不作为，遂向A市政府申请行政复议。2015年7月15日，A市政府作出《行政复议决定书》，维持了某区分局的行政行为。骆某无法接受，向法院提起行政诉讼，要求履行法定职责，依法对其提出的商品缺斤短两问题进行查处，并确认被诉复议决定违法。

庭审中，被告某区分局辩称，原告所购买的精品包装红枣，并非某电商自营商品，而是由入驻商家某网店通过这一网络交易平台销售。某电商作为网络交易平台服务的提供者，对其站内经营者和订购用户提供网络交易平台服务，不是商品的销售者和生产者，实际同原告交易的是某网店，涉嫌销售定量包装商品的计量违法行为

发生地在B省某市，因此才将该案线索通报给了B市质监局。被告A市政府辩称，其具有作出被诉复议决定的职权，且程序合法、适用法律正确。

据此，法院认为，被告某区分局对某网店涉嫌违反计量法律规定的行为，明确发函至B市质检部门依法处理，于法不悖，已履行法定职责；被告A市政府提供的证据和依据足以证明其具有作出被诉复议决定的职权，所作被诉复议决定具有合法性。法院最终判决驳回骆某的诉讼请求。

【深度解析】

行政复议，是指公民、法人或者非法人组织不服行政主体作出的行政行为，认为该行政行为侵犯了其合法权益，依法向法定的行政复议机关提出复议申请，行政复议机关依法对该行政行为进行合法性、适当性审查，并作出行政复议决定的行政行为。本案中，骆某在网上购买的红枣出现缺斤短两的情况，遂向A市质监局某区分局申诉举报。经初步调查，该分局发现该某网店的注册所在地位于B市某区，便将该案移送给B市质监局，由其依法处理。那么，某区分局向B市质监局移送案件的行为是否符合法律规定？

《计量法》第27条规定："制造、销售、使用以欺骗消费者为目的的计量器具的，没收计量器具和违法所得，处以罚款；情节严重的，并对个人或者单位直接责任人员依照刑法有关规定追究刑事责任。"《行政处罚法》第23条规定："行政处罚由县级以上地方人民政府具有行政处罚权的行政机关管辖。法律、行政法规另有规定的，从其规定。"由此可知，本案应由违法行为发生地的质监部门予以管辖，违反计量规定的违法行为是由某网店实施的，其注册地位于B市某区，因为违法行为发生地是B市而非A市，B市质监局对此案有管辖权。笔者认为，某区分局向B市质监局移送案件的行为是完全符合法律规定的。但骆某却认为该分局并没有履行法定职责，属于典型的行政不作为，向A市政府提起行政复议。对此，法律又是如何规定的呢？

第一，受案范围。《行政复议法》第6条规定："有下列情形之一的，公民、法人或者其他组织可以依照本法申请行政复议……（九）申请行政机关履行保护人身权利、财产权利、受教育权利的法定职责，行政机关没有依法履行的……"由此可知，骆某认为某区分局未履行法定职责，属于行政复议的受案范围，可以申请行政复议。第二，申请时效。《行政复议法》第9条规定："公民、法人或者其他组织认为具体行政行为侵犯其合法权益的，可以自知道该具体行政行为之日起六十日内提出行政复议申请；但是法律规定的申请期限超过六十日的除外。因不可抗力或者其他正当理由耽误法定申请期限的，申请期限自障碍消除之日起继续计算。"由此可知，骆某可在知道某区分局的行政处理决定后60日内提出行政复议申请。第三，复议机关。《行政复议法》第12条第1款规定："对县级以上地方各级人民政府工作部门的具体行政行为不服的，由申请人选择，可以向该部门的本级人民政府申请行政复议，也可以向上一级主管部门申请行政复议。"由此可知，骆某既可向A市政府申请行政复议，也可向A市质监局申请行政复议。第四，复议审查。《行政复议法》第22条规定："行政复议原则上采取书面审查的办法，但是申请人提出要求或者行政复议机关负责法制工作的机构认为有必要时，可以向有关组织和人员调查情况，听取申请人、被申请人和第三人的意见。"由此可知，行政复议以书面审查为主，必要时可听取相关人员的意见，对行政机关的行政行为进行合法性、适当性审查。那么，法院作出驳回骆某诉讼请求的判决是否于法有据呢？

《行政诉讼法》第26条第2款规定："经复议的案件，复议机关决定维持原行政行为的，作出原行政行为的行政机关和复议机关是共同被告；复议机关改变原行政行为的，复议机关是被告。"第69条规定："行政行为证据确凿，适用法律、法规正确，符合法定程序的，或者原告申请被告履行法定职责或者给付义务理由不成立的，人民法院判决驳回原告的诉讼请求。"本案中，A市政府作为行政复议机关，认为某区分局的行政处理行为并无不当，依法维持了该行政处理行为。对此，骆某只得以某区分局、A市政府为共同被告向法院提起行政诉讼。法院经审理查明，某区分局的行政处理行为并无不当，并且A市政府的行政复议决定也完全符合法律规定，遂作出驳回诉讼请求的判决。

案例7：规范突发事件应对活动，保护人民生命财产安全

——某公司突发事件应对案

【案情简介】

2011年5月26日9时，罗某甲、欧某某、张某甲、张某乙、许某某、罗某乙、何某某7人携带耙子、洗砂槽等工具从矿区小路进入某公司一盲巷，从已崩落的岩石中选出矿砂并粗洗。该矿段已关闭、废弃长达7年，属于禁采区。进入矿段后，张某甲、张某

乙、许某某、欧某某在盲巷档头退后5米处选矿砂，罗某甲、何某某、罗某乙则使用洗砂槽在档头退后12米处洗矿砂。15时许，巷道漏底，3名洗砂人员随底板塌陷被废石掩埋，4名选砂人员因离漏底中心处相对较远，双手双脚撑住了顶底板并慢慢移至盲巷的档头等待救援。

欧某某、罗某乙的家属见亲人未归，于5月27日1时到事发处寻找并请当地村民施救，选矿砂的其余4人则于5月27日4时获救并向公安部门报案。接报后，某市政府立即启动应急救援预案，市公安局、市安监局、A县、B县的相关领导及部门人员迅速赶往事发现场，成立应急救援指挥部，并紧急调度省、市、县矿山救护队参加救援，全力做好救援、善后、维稳等工作。

2011年5月27日，某省安全生产应急救援指挥中心、某市、A县、B县有关领导赶到现场，成立事故应急救援指挥部，应急救援指挥部设应急救援组、维稳工作组、善后工作组、新闻信息组。为有效开展救援工作，应急救援指挥部立即从A县、某矿山救援基地调派救援队伍，A县矿山救护大队、某矿山救援基地救护队到矿后会同救援指挥部专家、某公司技术员研究救援方案，积极开展救援工作。

在救援过程中，救援队专家及技术人员认定现场不具备有效救援的安全条件。为确保救援人员的安全，防止发生次生事故，在救护队专家、技术人员的跟班指挥下，救援人员由外往里加固救援通道进行施救，通过一周的救援，最终发现3名遇难者尸体。

【深度解析】

突发事件应对法，是以突发事件应对活动为调整对象的法律规范。《突发事件应对法》第 1 条规定："为了预防和减少突发事件的发生，控制、减轻和消除突发事件引起的严重社会危害，规范突发事件应对活动，保护人民生命财产安全，维护国家安全、公共安全、环境安全和社会秩序，制定本法。"该法具有以下特点：第一，以法律形式统一我国突发事件应对各项工作，建立起系统的突发事件应对制度体系，从而有效应对各种突发事件。第二，明确规定政府在应对突发事件中的各项权力，以法治原则约束规范政府在应对突发事件中的行政权力，防止政府滥用职权损害公民权益。第三，强调突发事件应对所遵循的程序规定，将政府行为有效地控制在法律、法规所规定的权限范围内。第四，明确政府部门、社会组织及公民在突发事件应对中的义务，详细规定突发事件应对工作的法律责任制度，极大提高了突发事件应对工作效率。

本案中，罗某甲等 7 人为个人经济利益所驱使，私自进入已废弃多年的矿段内开采矿砂，遭遇严重的漏底，最终导致 3 人死亡的重大事故。事故发生后，相关政府部门立即启动了应急救援预案，第一时间开展突发事件应对工作，较好地完成了应急救援工作。那么，上述事故是否属于法律所规定的"突发事件"呢？《突发事件应对法》第 3 条第 1 款规定："本法所称突发事件，是指突然发生，造成或者可能造成严重社会危害，需要采取应急处置措施予以应对的自然灾害、事故灾难、公共卫生事件和社会安全事件。"该法条对"突发事件"的含义、范围予以明确界定，说明突发事件具有一定的突发性和严重的危害性，并表现为自然灾害、事故灾难、公共卫生事件和社会安全事件。由此可知，罗某甲等 7 人所遭遇的漏底事故具有突发性和严重性，并且被废石掩埋的 3 人急需救援，属于"突发事件"中的事故灾难。

在接到报案后，某市立即启动了应急救援预案，其周边地区的A县、B县也参与到事故救援工作中。那么，突发事件的管辖权具体是如何规定的?《突发事件应对法》第7条第1款规定：“县级人民政府对本行政区域内突发事件的应对工作负责；涉及两个以上行政区域的，由有关行政区域共同的上一级人民政府负责，或者由各有关行政区域的上一级人民政府共同负责。”由此可知，突发事件的管辖权以地域管辖为主，管辖主体是县级人民政府。本案中某公司位于A县和B县的交界处，涉及两个以上行政区域，应该由A县和B县共同的上一级人民政府即某市政府管辖。事故发生后，事故应急救援指挥部立即成立，并设置应急救援组、维稳工作组、善后工作组、新闻信息组。与此同时，指挥部还紧急组织协调某省多支救援队伍，研究救援方案，积极开展救援工作。那么，在应对事故灾难时，政府部门可采取哪些应急处置措施呢?

《突发事件应对法》第49条规定：“自然灾害、事故灾难或者公共卫生事件发生后，履行统一领导职责的人民政府可以采取下列一项或者多项应急处置措施：（一）组织营救和救治受害人员，疏散、撤离并妥善安置受到威胁的人员以及采取其他救助措施；（二）迅速控制危险源，标明危险区域，封锁危险场所，划定警戒区，实行交通管制以及其他控制措施；（三）立即抢修被损坏的交通、通信、供水、排水、供电、供气、供热等公共设施，向受到危害的人员提供避难场所和生活必需品，实施医疗救护和卫生防疫以及其他保障措施；（四）禁止或者限制使用有关设备、设施，关闭或者限制使用有关场所，中止人员密集的活动或者可能导致危害扩大的生产经营活动以及采取其他保护措施；（五）启用本级人民政府设置的财政预备费和储备的应急救援物资，必要时调用其他急需物资、设备、设施、工具；（六）组织公民参加应急救援和处置工作，要求具有特定专长的人员提供服务；（七）保障食品、饮用水、燃料等基本生活必需品的供应；（八）依法从严惩处囤积居奇、哄抬物价、制假售假等扰乱市场秩序的行为，稳定市场价格，维护市场秩序；（九）依法从严惩处哄抢财物、干扰破坏应急处置工作等扰乱社会秩序的行为，维护社会治安；（十）采取防止发生次生、衍生事件的必要措施。”由此可知，在应对事故灾难时，政府部门可采取营救人员、控制危险、抢修设施、禁止使用、调动物资、组织服务、保障供应、稳定市场、维护治安、采取措施多达 10 项的应急处置措施，确保有效应对各种事故灾难。

第五章　经 济 法

案例1：预防和制止垄断行为，促进社会主义市场经济健康发展

——《反垄断法》相关案例

【案情简介】

案例一：

2014年8月20日，国家发改委宣布，对8家零部件企业价格垄断行为依法处罚8.3亿余元，对4家轴承企业价格垄断行为依法处罚约4亿元，合计罚款12.35亿元。经调查，国家发改委认定日本8家汽车零部件企业和4家轴承企业达成并实施了汽车零部件、轴承的价格垄断协议，违反了我国《反垄断法》规定，排除、限制了市场竞争，不正当影响了我国汽车零部件及整车、轴承的价格，损害了下游制造商的合法权益和我国消费者利益。

案例二：

2014年年初，教育部首次将“工程造价基本技能”列为“2013年至2015年全国职业院校技能大赛”赛项之一。2014年4月1日，由B省教育厅、高职院校、行业企业等组成的工程造价B省选拔赛组委会发出通知称，本次比赛由B省教育厅主办，某职业学院承办，甲公司“协办”。组委会随后宣布赛事软件指定使用甲

公司的独家认证系统。一直积极介入“工程造价基本技能”比赛的乙公司则认为，B省教育厅指定独家赛事软件的做法有滥用行政权力之嫌，违反了《反垄断法》。该公司表示，独家指定甲公司的做法对其造成严重损失。培训学校为了参加比赛，就要购买甲公司的软件。乙公司不仅损失了高职院校市场，更重要的是，这些学生毕业后进入施工单位、造价咨询公司后，会倾向于选择甲公司软件。如果不对这种行政指定产品的做法加以制止，工程造价技能软件的市场将会形成“一家独大”的局面，乙公司将无立足之地。为此，乙公司多次与B省教育厅进行商洽，要求给予公平竞争的机会。在沟通无效的情况下，2014年4月26日，乙公司向法院提起行政诉讼，请求法院判决确认B省教育厅滥用行政权力指定甲公司产品为独家参赛软件的行为违法。

【深度解析】

案例一中，日本8家汽车零部件企业和4家轴承企业达成并实施了汽车零部件、轴承的价格垄断协议，严重影响了我国汽车零部件及整车、轴承的价格。垄断协议是排除、限制竞争的协议、决定或者其他协同行为。《反垄断法》第13条规定：“禁止具有竞争关系的经营者达成下列垄断协议：（一）固定或者变更商品价格……”由此可知，日本8家汽车零部件企业之间存在竞争关系，另外4家轴承企业之间也不例外。如果这些企业联合固定或者变更汽车零部件、轴承的价格，必将使价格这一调节生产和流通的杠杆发生扭曲，使得公平竞争受到限制或排斥，进而影响整个市场秩序。

《反垄断法》第46条第1款规定：“经营者违反本法规定，达成并实施垄断协议的，由反垄断执法机构责令停止违法行为，没收违法所得，并处上一年度销售额百分之一以上百分之十以下的罚款；尚未实施所达成的垄断协议的，可以处五十万元以下的罚款。”需要注意的是，此处的反垄断执法机构特指国家发展和改革委员会下设的价格司，其执法依据是《价格法》。该法第5条第1款规定：“国务院价格主管部门统一负责全国的价格工作。国务院其他有关部门在各自的职责范围内，负责有关的价格工作。”第14条规定：“经营者不得有下列不正当价格行为：（一）相互串通，操纵市场价格，损害其他经营者或者消费者的合法权益……”

案例二中，B省教育厅指定赛事专门使用甲公司的独家认证系统，属于运用行政权力排除其他类似系统软件的行为，严重侵害了其他类似系统软件经营者的利益，扰乱了市场经济秩序。《反垄断法》第32条规定：“行政机关和法律、法规授权的具有管理公共事务职能的组织不得滥用行政权力，限定或者变相限定单位或者个人经营、购买、使用其指定的经营者提供的商品。”第37条规定：“行政机关不得滥用行政权力，制定含有排除、限制竞争内容的规定。”由此可知，B省教育厅的上述行为已经构成行政垄断，应依法承担相应的法律责任。

《反垄断法》第51条规定：“行政机关和法律、法规授权的具有管理公共事务职能的组织滥用行政权力，实施排除、限制竞争行为的，由上级机关责令改正；对直接负责的主管人员和其他直接责任人员依法给予处分。反垄断执法机构可以向有关上级机关提出依法处理的建议……”由此可知，对于B省教育行政垄断的违法行为，其上级机关B省人民政府或教育部应责令其予以改正，并对直接负责的主管人员和其他直接责任人员依法给予处分。

案例2：查处不正当竞争行为，维护社会主义市场经济良好秩序

——《反不正当竞争法》相关案例

【案情简介】

案例一：

栗某与某化肥经销商签订了某品牌的复合肥料供销货合同，由栗某向该经销商供应复合肥料，并约定该经销商在合同期限内专门销售此品牌的复合肥料，不再经销其他品牌的复合肥料，如果该经销商销售的复合肥料达到10吨，栗某便向其赠送价值300元的物品。截至被查之日，栗某已向其销售复合肥料10吨，每吨进价3200元，销售价3300元，共获利1000元，并向该经销商赠送价值300元的饮水机一台，栗某的行为已构成商业贿赂。某县工商局依法对栗某作出了罚款1万元，并没收违法所得1000元的行政处罚。

案例二：

某饮料公司以每个0.5元的价格购进500ml塑料瓶23010个，并以每张0.05元的价格购进“浩溢果粒橙”字样的橙粒水果饮料瓶贴23210张，以每个1元的价格购进外包装纸箱1544个，利用上述包装装潢、生产饮料。该公司生产、销售的“浩溢果粒橙”橙粒水果饮料与可口可乐公司生产销售的“美汁源果粒橙”中特有的“果粒橙”名称相同，整个商品名称相似，造成与“美汁源果粒橙”相混淆的后果，使消费者误以为是该知名商品。对此，某市工商局责令该饮料公司停止违法行为，并作出没收违法所得7002元，

罚款1.42万元的行政处罚决定。

案例三：

某大型超市店庆期间举行“欢乐年华奢华抽”活动，活动最高奖项为价值10万元轿车一辆。该超市的行为具有利用消费者投机心理诱导消费之嫌疑，不利于同类商品经营者开展质量、价格、服务方面的公平竞争。为维护市场秩序，某区工商局依法对该超市进行处罚，责令其停止违法行为，并处10万元罚款。

【深度解析】

不正当竞争，是指经营者及其他市场参与者采取违反公平竞争、诚实信用等市场原则的手段去争取交易机会或者获得竞争优势，损害消费者和其他经营者的合法权益，扰乱社会经济秩序的行为。《反不正当竞争法》第2条第2款规定：“本法所称的不正当竞争行为，是指经营者在生产经营活动中，违反本法规定，扰乱市场竞争秩序，损害其他经营者或者消费者的合法权益的行为。”由此可知，不正当竞争行为严重危害公平竞争的市场秩序，阻碍技术进步和社会生产力的发展，损害其他经营者的正常经营和合法权益，使守法经营者蒙受物质上和精神上的双重损害。对此，国家工商行政管理部门应加强执法力度，严厉打击不正当竞争行为，确保市场秩序良好。

案例一中，栗某与某化肥经销商签订某品牌的复合肥料供销货合同，约定该经销商在合同期限内专门销售此品牌的复合肥料，不再经销其他品牌的复合肥料，如果该经销商销售的复合肥料达到10吨，栗某便向其赠送价值300元的物品。《反不正当竞争法》第7条规定：“经营者不得采用财物或者其他手段贿赂下列单位或者个人，以谋取交易机会或者竞争优势：（一）交易相对方的工作人员；（二）受交易相对方委托办理相关事务的单位或者个人；（三）利用职权或者影响力影响交易的单位或者个人。经营者在交易活动中，可以以明示方式向交易相对方支付折扣，或者向中间人支付佣金。经营者向交易相对方支付折扣、向中间人支付佣金的，应当如实入账。接受折扣、佣金的经营者也应当如实入账。经营者的工作人员进行贿赂的，应当认定为经营者的行为；但是，经营者有证据证明该工作人员的行为与为经营者谋取交易机会或者竞争优势无关的除外。”由此可知，栗某的行为属于采取商业贿赂手段推销复合肥料，构成不正当竞争行为。笔者认为，栗某为了促销复合肥料，以账外给付财物的方式贿赂经销商，其行为在一定程度上排挤了其他化肥经销商，也损害了广大农民的利益，扰乱了正常的市场竞争秩序，应依法承担相应的法律责任。《反不正当竞争法》第19条规定：“经营者违反本法第七条规定贿赂他人的，由监督检查部门没收违法所得，处十万元以上三百万元以下的罚款。情节严重的，吊销营业执照。”

案例二中，某饮料公司将“浩溢果粒橙”字样的橙粒水果饮料瓶贴应用于自己的饮料产品上，造成其产品与可口可乐公司生产的“美汁源果粒橙”相混淆，使消费者误以为是该知名商品。《反不正当竞争法》第6条规定：“经营者不得实施下列混淆行为，引人误认为是他人商品或者与他人存在特定联系：（一）擅自使用与他人有一定影响的商品名称、包装、装潢等相同或者近似的标识；（二）擅自使用他人有一定影响的企业名称（包括简称、字号等）、社会组织名称（包括简称等）、姓名（包括笔名、艺名、译名等）；（三）擅自使用他人有一定影响的域名主体部分、网站名称、网页等；（四）其他足以引人误认为是他人商品或者与他人存在特定联系的混淆行为。”由此可知，该饮料公司的行为属于使用与知名商品近似的名称、包装、装潢，造成和他人的知名商品相混淆，使购买者误认为是该知名商品，构成不正当竞争行为，应依法承担相应的法律责任。《反不正当竞争法》第 18 条第 1 款规定：“经营者违反本法第六条规定实施混淆行为的，由监督检查部门责令停止违法行为，没收违法商品。违法经营额五万元以上的，可以并处违法经营额五倍以下的罚款；没有违法经营额或者违法经营额不足五万元的，可以并处二十五万元以下的罚款。情节严重的，吊销营业执照。”

案例三中，某大型超市在店庆期间举行“欢乐年华奢华抽”活动，活动最高奖项为价值 10 万元轿车一辆。《反不正当竞争法》第 10 条规定：“经营者进行有奖销售不得存在下列情形：（一）所设奖的种类、兑奖条件、奖金金额或者奖品等有奖销售信息不明确，影响兑奖；（二）采用谎称有奖或者故意让内定人员中奖的欺骗方式进行有奖销售；（三）抽奖式的有奖销售，最高奖的金额超过五万元。”由此可知，该超市设立的最高奖项为价值 10 万元轿车一辆，其价值已远超法律规定的 5 万元标准，属于巨额抽奖促销，严重侵害其他超市的经营利益，已构成不正当竞争行为，应依法承担相应的法律责任。《反不正当竞争法》第 22 条规定：“经营者违反本法第十条规定进行有奖销售的，由监督检查部门责令停止违法行为，处五万元以上五十万元以下的罚款。”

案例3：拍卖人应当与委托人签订书面委托拍卖合同

——孙某与某拍卖公司案

【案情简介】

2016年8月，孙某将祖传的13件古玩交给某拍卖公司进行拍卖。收到这批古玩后，该公司当即向孙某出具了收条，在收条上标明每件古玩的价格，但是双方并未签订书面委托拍卖合同。2016年10月，拍卖会正式举行，拍卖师未声明本次拍卖无保留价，采用降价方式进行拍卖。最终，孙某的13件古玩中有6件被拍出。拍卖会结束后，孙某前往该公司领取拍卖款和未拍出的古玩，才得知拍卖公司拍出其古玩的成交价远远低于双方原先认可的估价。对此，孙某要求该公司予以赔偿，却遭到拒绝。

2016年11月，孙某以某拍卖公司为被告向西法院提起诉讼，请求法院判令该公司依据收条所载明的价格向其支付拍品价款。而作为被告的某拍卖公司却认为其向孙某出具的收条仅是古玩的估价，并非底价。与此同时，该公司还表示其从未认可过原告孙某古玩的价值，孙某也从未给过其古玩的底价。因此，以无底价的方式进行拍卖是双方的事先约定，完全符合《拍卖法》的相关规定，没有损害孙某的个人利益。

【深度解析】

拍卖，是指以公开竞价的形式，将特定物品或者财产权利转让给最高应价者的买卖方式。拍卖活动应当遵守有关法律、行政法规，遵循公开、公平、公正、诚实信用的原则。《拍卖法》第 1 条规定：“为了规范拍卖行为，维护拍卖秩序，保护拍卖活动各方当事人的合法权益，制定本法。”第 2 条规定：“本法适用于中华人民共和国境内拍卖企业进行的拍卖活动。”由此可知，拍卖法以规范拍卖行为手段，以维护当事人权益为目的，重点规范拍卖企业的拍卖活动。笔者认为，在拍卖企业、委托人、竞买人及买受人所组成的各种拍卖法律关系中，拍卖企业往往占有一定的优势地位，难免会损害其他拍卖当事人的合法权益。因此，严格规范拍卖企业的拍卖行为是极有必要的。

本案中，某拍卖公司在收到孙某的 13 件古玩后，便向其开具了收条，并在收条上标明每件古玩的价格，但是双方并未签订书面委托拍卖合同，该行为是否符合法律规定呢？《拍卖法》第 42 条规定：“拍卖人应当对委托人提供的有关文件、资料进行核实。拍卖人接受委托的，应当与委托人签订书面委托拍卖合同。”由此可知，在接受拍卖委托之后，拍卖企业应与委托人签订书面委托拍卖合同，以明确双方的权利义务关系，这是拍卖企业的法定义务。因此，作为拍卖人的某拍卖公司未与委托人孙某签订书面委托拍卖合同，仅给其开具收条的做法是违反法律规定的。

与此同时，双方还对已拍卖古玩的价格各执一词。孙某认为已拍卖古玩的价格远低于收条上所确认的底价，而某拍卖公司却认为该收条上所确认的价格并非古玩的底价，而是预估价格。那么，该公司能否以低于收条上所确认的价格进行古玩拍卖？《拍卖法》第 44 条规定：“委托拍卖合同应当载明以下事项……（三）委托人提出的保留价……”笔者认为，虽然某拍卖公司未与委托人孙某签订委托拍卖合同，而是向其出具收条，但从保护委托人合法权益的角度出发，该收条中有关古玩的价格应被认定为“底价”，即法律所规定的“保留价”。《拍卖法》第28条第1款规定：“委托人有权确定拍卖标的的保留价并要求拍卖人保密。”第50条规定：“拍卖标的无保留价的，拍卖师应当在拍卖前予以说明。拍卖标的有保留价的，竞买人的最高应价未达到保留价时，该应价不发生效力，拍卖师应当停止拍卖标的的拍卖。”由此可知，设定保留价的目的在于对委托人权益进行最低限度的保护，未经委托人同意，在没有设定保留价的情况下，采用降价方式进行拍卖，极易损害委托人的利益。因此，某拍卖公司未经委托人孙某的同意，在没有设定保留价的情况下，采用降价方式进行拍卖是违法的。

案例4：涉及社会公益的建设项目必须进行招标

——某建筑公司与王某中介合同案

【案情简介】

某地产集团决定在某区投资开发具有公益性质的建设项目。为此，某建筑公司找到王某，请求王某在上述建设项目招标中为其提供帮助，并答应事成后支付50万元介绍费。随后，该建筑公司与王某签订协议。王某的父亲曾在某省长期担任重要领导职务，在其父亲的帮助下，该建筑公司最终取得了建设项目的承包权。不久，某地产集团便与某建筑公司签订了建设工程施工合同，但该建筑公司并未向王某支付50万元介绍费。王某讨要无果，只得向法院提起诉讼，要求某建筑公司支付50万元的介绍费。

庭审过程中，某建筑公司认为某地产集团投资开发的建设项目具有公益性质，应依法通过招投标的形式确定建筑施工单位，某建筑公司与王某所签订的协议严重违反了《招标投标法》中的禁止性规定。与此同时，王某本身也不具备招投标代理机构资格，无权代理某建筑公司进行投标活动，据此请求法院依法确认协议无效。王某则认为，其与某建筑公司签订的协议属于中介合同，并且自己在招投标中确实起到了帮助作用，某建筑公司应向其支付介绍费。

法院认为，某建筑公司与王某签订的协议确为中介合同，某建筑公司利用王某的个人关系与招标人某地产集团建立联系，使其在投标中获得优势地位，从而达到签订建设工程施工合同之目的。但该建设项目具有社会公益性质，必须依法进行招标。某建筑公司寻求王某帮助的行为，严重违反招投标活动中的公开、公正、公平及诚信原则，违反了法律中的禁止性规定，签订的合同为无效合同。法院判决驳回王某的诉讼请求，并向有关部门提出司法建议，要求审查该建设项目招投标行为的合法性与正当性。

【深度解析】

本案中，某建筑公司为在建设项目投标中取得优势，与王某签订中介合同，请求其提供帮助。在与某地产集团签订建设工程施工合同后，该建筑公司却公然反悔，拒绝向王某支付介绍费 50 万元。那么，某建筑公司与王某签订的中介合同是否具有法律效力呢？《民法典》第 961 条规定：“中介合同是中介人向委托人报告订立合同的机会或者提供订立合同的媒介服务，委托人支付报酬的合同。”第 963 条规定：“中介人促成合同成立的，委托人应当按照约定支付报酬。对中介人的报酬没有约定或者约定不明确，依据本法第五百一十条的规定仍不能确定的，根据中介人的劳务合理确定。因中介人提供订立合同的媒介服务而促成合同成立的，由该合同的当事人平均负担中介人的报酬。中介人促成合同成立的，中介活动的费用，由中介人负担。”由此可知，王某作为中介人，利用其父亲曾在某省长期担任重要领导职务的关系，最终促成某建筑公司与某地产集团签订合同，已履行中介合同义务。但某建筑公司却以该中介合同违反《招标投标法》中的禁止性规定为由拒绝向王某支付介绍费，其行为是否有依据呢？

《招标投标法》第3条第1款规定："在中华人民共和国境内进行下列工程建设项目包括项目的勘察、设计、施工、监理以及与工程建设有关的重要设备、材料等的采购，必须进行招标：（一）大型基础设施、公用事业等关系社会公共利益、公众安全的项目……”第6条规定："依法必须进行招标的项目，其招标投标活动不受地区或者部门的限制。任何单位和个人不得违法限制或者排斥本地区、本系统以外的法人或者其他组织参加投标，不得以任何方式非法干涉招标投标活动。”《民法典》第153条第1款规定："违反法律、行政法规的强制性规定的民事法律行为无效。但是，该强制性规定不导致该民事法律行为无效的除外。”由此可知，该建设项目具有社会公益性质，其建设施工必须通过招标进行。某建筑公司利用王某父亲的社会影响力与某地产集团签订了建设施工合同，该行为属于典型的非法干涉招标投标活动。而王某与某建筑公司签订的中介合同违反法律规定，该合同自始无效。

本案中，建筑公司还认为，王某不具备招投标代理机构资格，无权代理公司进行投标活动。那么，法律对招投标代理机构资格具有哪些规定呢？《招标投标法》第13条规定："招标代理机构是依法设立、从事招标代理业务并提供相关服务的社会中介组织。招标代理机构应当具备下列条件：（一）有从事招标代理业务的营业场所和相应资金；（二）有能够编制招标文件和组织评标的相应专业力量。”由此可知，上述法条仅规定了招标代理机构资格，自然人不能成为招标代理主体。

需要注意的是，某建筑公司与王某签订的中介合同确属无效，但王某利用其父亲的社会影响力最终促使某建筑公司与某地产集团签订建设施工合同的行为违反了招投标的基本原则。《招标投标法》第 5 条规定：“招标投标活动应当遵循公开、公平、公正和诚实信用的原则。”据此可知，法院向有关部门提出司法建议，要求审查该建设项目招投标行为的合法性与正当性是极有必要的。

案例 5：销售者不得销售国家明令淘汰并停止销售的产品和失效、变质的产品

——范某与某超市销售过期牛奶案

【案情简介】

2015 年 12 月 14 日，范某在某超市花费 220 元买了一箱纯牛奶，回家饮用后，出现了呕吐、腹痛等症状。范某母亲饮用后心跳加快、肠胃绞痛，范某妻子饮用后身体同样出现不适。范某查看生产日期才发现，牛奶是 2014 年 10 月 21 日生产的，保质期为一年，也就是到 2015 年 10 月 21 日。至此，范某确定从该超市购买的牛奶是过期的。

2015 年 12 月 23 日，范某找到超市负责人处理此事，超市拒不承认牛奶是其出售的。范某遂报警，后民警调出当日超市监控画

面，证明范某在收银台处付款。范某遂要求超市退还价款并赔付其过期牛奶价款的10倍即2200元。然而，超市负责人拒绝了范某的请求，范某遂向法院提起民事诉讼。

庭审中，被告某超市辩称，顾客所持发票为被告提供的消费凭证，只能证明原告在被告处的购买行为，不能证明过期牛奶是从被告处购买的。另外，原告在购买商品时，被告已告知其要检查商品的保质期，已经尽到了告知义务，所以被告不承担本案的责任。法院经审理认为，关于被告提出原告所购买的牛奶不是在被告处购买的抗辩，被告对此未提供相应的证据，故对其抗辩理由不予支持。原告作为消费者，其提供了购物的销售清单及商品实物，已经完成原、被告之间存在买卖关系的举证责任，应认定涉诉商品系被告出售。关于原告要求被告退还价款并赔偿的诉讼请求，根据《食品安全法》的相关规定，食品经营者应定期检查库存食品，及时清理变质或者超过保质期的食品。法院依法判令被告超市退还原告价款220余元并给付其十倍赔偿即2200余元。

【深度解析】

本案中，被告作为食品经营者，怠于履行审慎检查义务，销售明知已经过期的食品，侵害了消费者的合法权益，法院最终支持了原告要求被告退还价款并给予十倍赔偿的诉讼请求。《产品质量法》第34条规定："销售者应当采取措施，保持销售产品的质量。"《食品安全法》第4条规定："食品生产经营者对其生产经营食品的安全负责。食品生产经营者应当依照法律、法规和食品安全标准从事生产经营活动，保证食品安全，诚信自律，对社会和公众负责，接受社会监督，承担社会责任。"由此可知，范某所购买的纯牛奶，具有流通产品、消费食品的双重属性，某超市作为销售者，违反法律规定销售已过保质期的纯牛奶，直接损害了消费者的人身财产权益。那么，该超市作为销售者应承担何种法律责任呢？

《产品质量法》第52条规定："销售失效、变质的产品的，责令停止销售，没收违法销售的产品，并处违法销售产品货值金额两倍以下的罚款；有违法所得的，并处没收违法所得；情节严重的，吊销营业执照；构成犯罪的，依法追究刑事责任。"由此可知，对该超市销售变质纯牛奶的行为，当地质量技术监督行政管理部门应对其作出相应的行政处罚。那么，范某购买纯牛奶并导致自己和家人出现身体不适的人身损害后果，能否通过法律途径寻求救济？

笔者认为，在市场经济行为中，消费者的人身财产安全都应该得到有效保护，产品生产者、销售者和食品及其相关产品的生产者、销售者都应该认真遵循相关法律规范，最大限度地保护消费者利益。本案中，由于自身疏忽，范某在购买纯牛奶时并未查看保质期，并且该超市也尽到了告知义务，但这并不能成为该超市免责的理由。《产品质量法》第35条规定："销售者不得销售国家明令淘汰并停止销售的产品和失效、变质的产品。"由此可知，不得向消费者出售失效、变质的产品是销售者的法定禁止性义务，该超市将超过保质期的纯牛奶摆放在货架上销售的行为，本身就是违反法律规定的。

《产品质量法》第43条规定："因产品存在缺陷造成人身、他人财产损害的，受害人可以向产品的生产者要求赔偿，也可以向产品的销售者要求赔偿。属于产品的生产者的责任，产品的销售者赔偿的，产品的销售者有权向产品的生产者追偿。属于产品的销售者的责任，产品的生产者赔偿的，产品的生产者有权向产品的销售者追偿。"第44条第1款规定："因产品存在缺陷造成受害人人身伤害的，侵害人应当赔偿医疗费、治疗期间的护理费、因误工减少的收入等费用；造成残疾的，还应当支付残疾者生活自助具费、生活补助费、残疾赔偿金以及由其扶养的人所必需的生活费等费用；造成受害人死亡的，并应当支付丧葬费、死亡赔偿金以及由死者生前扶养的人所必需的生活费等费用。”由此可知，范某可据此向该超市请求赔偿医疗费、治疗期间的护理费、因误工减少的收入等费用。本案中，范某并未向该超市要求赔偿，而是要求其支付十倍的价款，法律对此又是如何规定的呢？

本案中，范某购买的纯牛奶既是流通产品，又是消费食品，其可根据法律规定，选择最有利于自己利益的救济途径。《食品安全法》第148条第2款规定：“生产不符合食品安全标准的食品或者经营明知是不符合食品安全标准的食品，消费者除要求赔偿损失外，还可以向生产者或者经营者要求支付价款十倍或者损失三倍的赔偿金；增加赔偿的金额不足一千元的，为一千元。但是，食品的标签、说明书存在不影响食品安全且不会对消费者造成误导的瑕疵的除外。”范某自己和家人在饮用该纯牛奶后，仅出现心跳加快、肠胃绞痛等症状，并未给人身健康带来实质性损害，因此范某在要求该超市赔偿损失的同时，还可要求其支付价款十倍的赔偿金，以最大限度地维护自身权益。

案例6：土地补偿费归农村集体经济组织所有

——王村第三生产大队拒不支付土地补偿费案

【案情简介】

2013年年初，某县开始在县城北部兴建新城区。不久，该县王村第三生产大队位于村南的15亩耕地被房地产开发公司依法征收，并获得土地补偿费50万元。该生产大队成员共有100人，但在分配土地补偿费时，该生产大队却以孙家一户6人在被征地处没有承包地为由将其排除在外，未向其支付任何土地补偿费。为此，孙家多次要求生产大队支付应得的土地赔偿费，但其都以种种理由拒绝。2013年年底，孙家一户6人在该县信访局集体上访，该县政府召开信访联席工作会议，建议并要求生产大队将土地补偿发放给孙家，但该生产大队始终拒绝履行。

2014年年初，孙家以生产大队为被告向法院提起诉讼，要求其给付应得的土地补偿费。庭审中，生产大队辩称，土地补偿费分配方案是经本生产大队成员民主讨论决定的，完全符合国家政策及村民利益。孙家一户6人并未在被征用土地上承包地，不应分得土地补偿费。对于生产大队的主张，法院根据相关土地法律规范，认为土地补偿费归农村集体经济组织所有，并应发放给该农村集体经济组织成员，判决生产大队向孙家一户6人支付土地补偿费共计3万元。最终，生产大队执行了法院判决。

【深度解析】

随着我国城镇化发展水平的提高，城市建设规模开始逐年扩张，农村土地被政府、开发商征收征用，土地补偿费用分配时常引发纠纷。在这一过程中，广大农民群众始终处于弱势地位，自身合法权益经常受到侵害，土地纠纷事件时有发生。

在我国，土地所有权主要分为国家所有和集体所有两种形式，农村集体经济组织所有的土地即集体所有。《土地管理法》第 2 条第 1 款规定："中华人民共和国实行土地的社会主义公有制，即全民所有制和劳动群众集体所有制。"第 9 条第 2 款规定："农村和城市郊区的土地，除由法律规定属于国家所有的以外，属于农民集体所有；宅基地和自留地、自留山，属于农民集体所有。"第 12 条规定："土地的所有权和使用权的登记，依照有关不动产登记的法律、行政法规执行。依法登记的土地的所有权和使用权受法律保护，任何单位和个人不得侵犯。"《民法典》第 260 条规定："集体所有的不动产和动产包括：（一）法律规定属于集体所有的土地和森林、山岭、草原、荒地、滩涂……"由此可知，该生产大队的土地属于生产大队成员集体所有，国家应依法予以保护。那么，对该县开发商征收其 15 亩土地的行为，法律又有哪些具体规定呢？

《土地管理法》第 44 条第 1 款规定："建设占用土地，涉及农用地转为建设用地的，应当办理农用地转用审批手续。"那么，孙家一户 6 人要求生产大队支付土地补偿费的做法是否于法有据呢？

《土地管理法》第 48 条第 1 款规定："征收土地应当给予公平、合理的补偿，保障被征地农民原有生活水平不降低、长远生计有保障。"第 49 条规定："被征地的农村集体经济组织应当将征收土地的补偿费用的收支状况向本集体经济组织的成员公布，接受监督。禁止侵占、挪用被征收土地单位的征地补偿费用和其他有关费用。"《民法典》第 261 条规定："农民集体所有的不动产和动产，属于本集体成员集体所有。下列事项应当依照法定程序经本集体成员决定：（一）土地承包方案以及将土地发包给本集体以外的组织或者个人承包；（二）个别土地承包经营权人之间承包地的调整；（三）土地补偿费等费用的使用、分配办法；（四）集体出资的企业的所有权变动等事项；（五）法律规定的其他事项。”由此可知，农村集体土地在被征收后所获得的土地补偿费，其性质是对农村集体土地所有权的一种物质补偿。土地补偿费在农村集体土地被征收后，统一支付给作为被征收单位的农村集体经济组织。本案中，因房地产开发公司征收而取得的土地补偿费，属于生产大队集体土地所有权的补偿，土地被征收所取得的补偿费应属于生产大队全体成员所有。孙家一户 6 人属于该生产大队的成员，应与生产大队的其他成员享有平等的权利和义务。虽然孙家一户 6 人在被征用地上没有承包地，但该生产大队不能据此拒绝向其支付相应的土地补偿费用。与此同时，土地补偿费只能被分配给本集体组织成员，而地上附着物和青苗补偿费则是给予附着物所有人和青苗实际投入人的物质补偿，该补偿人可以为集体经济组织成员以外的人。笔者认为，王村第三生产大队排除孙家一户 6 人分配土地补偿费的做法显失公平，违背了法律精神和原则，孙家一户 6 人有权要求第三生产大队支付相应的土地补偿费。

案例7：加强城市房地产管理，维护房地产市场秩序

——违反城市房地产管理法相关案例

【案情简介】

案例一：

某市区两级房管部门会同市市场监管局、市公安局组成联合专项检查工作组，对某市近百家房地产经纪公司进行专项检查，共发现四起违法事件。甲房地产经纪有限公司两个分公司未进行经纪机构备案，受到暂停网签资格处罚，并记入经纪公司诚信档案；乙房地产经纪有限公司违规代理部分房屋，受到暂停网签资格处罚，并记入经纪公司诚信档案；丙房地产经纪有限公司违规代理某房屋，受到暂停网签资格处罚，并记入经纪公司诚信档案；丁物业服务有限公司未将承租人员信息报送公安机关，被勒令整改，并处500元行政罚款。

案例二：

2013年4月15日，国家发展和改革委员会宣布，在联合执法检查中共有8家房地产企业因违反明码标价等规定被处罚，合计罚款金额达1000多万元。其中，甲房地产开发公司销售的某项目，在未取得商品房预售许可证的情况下开盘销售，已售的146套住房均未进行明码标价；乙科贸公司销售的某项目在未取得商品房预售许可证的情况下开盘销售，已售的162套住房均未进行明码标价。发展改革委称，上述8家房地产企业的行为违反了相关法律法规，侵害了消费者合法权益。公开通报这批典型案件的目的，是提醒所

有房地产企业依法诚信经营，督促所有被查处的房地产企业积极进行整改，切实规范商品房销售价格行为。对于整改不力的房地产企业，还将通过新闻媒体公开曝光。

【深度解析】

案例一中，某市四家房地产中介服务机构违反法律规定从事相关活动，其违法行为表现为未进行备案、违规代理和违反报告义务等方面，应依法承担相应的法律责任。那么，法律对房地产中介服务机构有哪些具体规定呢？

《城市房地产管理法》第 57 条规定："房地产中介服务机构包括房地产咨询机构、房地产价格评估机构、房地产经纪机构等。"第 58 条规定："房地产中介服务机构应当具备下列条件：（一）有自己的名称和组织机构；（二）有固定的服务场所；（三）有必要的财产和经费；（四）有足够数量的专业人员；（五）法律、行政法规规定的其他条件。设立房地产中介服务机构，应当向工商行政管理部门申请设立登记，领取营业执照后，方可开业。"上述法条是关于房地产中介服务机构的原则性规定，包括类型、条件和营业执照等内容。

需要注意的是，具体规范房地产中介服务机构的是我国住房和城乡建设部制定出台的《房地产经纪管理办法》。其第 1 条规定："为了规范房地产经纪活动，保护房地产交易及经纪活动当事人的合法权益，促进房地产市场健康发展，根据《中华人民共和国城市房地产管理法》、《中华人民共和国合同法》等法律法规，制定本办法。"对于甲房地产经纪有限公司两家分公司未进行经纪机构备案的违法行为，《房地产经纪管理办法》第 11 条规定："房地产经纪机构及其分支机构应当自领取营业执照之日起30日内，到所在直辖市、市、县人民政府建设（房地产）主管部门备案。”对于乙房地产经纪有限公司、丙房地产经纪有限公司的违规代理行为，《房地产经纪管理办法》第25条规定：“房地产经纪机构和房地产经纪人员不得有下列行为：（一）捏造散布涨价信息，或者与房地产开发经营单位串通捂盘惜售、炒卖房号，操纵市场价格；（二）对交易当事人隐瞒真实的房屋交易信息，低价收进高价卖（租）出房屋赚取差价；（三）以隐瞒、欺诈、胁迫、贿赂等不正当手段招揽业务，诱骗消费者交易或者强制交易；（四）泄露或者不当使用委托人的个人信息或者商业秘密，谋取不正当利益；（五）为交易当事人规避房屋交易税费等非法目的，就同一房屋签订不同交易价款的合同提供便利；（六）改变房屋内部结构分割出租；（七）侵占、挪用房地产交易资金；（八）承购、承租自己提供经纪服务的房屋；（九）为不符合交易条件的保障性住房和禁止交易的房屋提供经纪服务；（十）法律、法规禁止的其他行为。”第37条规定：“违反本办法第二十五条第（三）项、第（四）项、第（五）项、第（六）项、第（七）项、第（八）项、第（九）项、第（十）项的，由县级以上地方人民政府建设（房地产）主管部门责令限期改正，记入信用档案；对房地产经纪人员处以1万元罚款；对房地产经纪机构，取消网上签约资格，处以3万元罚款。”

案例二中，某省两家房地产企业在未取得商品房预售许可证的情况下开盘销售，并且未对部分已售的房屋明码标价，其行为已违反了法律规定。《城市房地产管理法》第45条第1款规定：“商品房预售，应当符合下列条件：（一）已交付全部土地使用权出让金，取得土地使用权证书；（二）持有建设工程规划许可证；（三）按提供预售的商品房计算，投入开发建设的资金达到工程建设总投资的百分之二十五以上，并已经确定施工进度和竣工交付日期；（四）向县级以上人民政府房产管理部门办理预售登记，取得商品房预售许可证明。”《城市商品房预售管理办法》第6条规定：“商品房预售实行许可制度。开发企业进行商品房预售，应当向房地产管理部门申请预售许可，取得《商品房预售许可证》。未取得《商品房预售许可证》的，不得进行商品房预售。”由此可知，房地产企业进行商品房预售，应在相应的房产管理部门办理预售登记，并取得商品房预售许可证明。该程序属于前置行政许可程序，房地产企业应依法遵循，如有违反，应依法承担相应的法律责任。

《城市房地产管理法》第68条规定：“违反本法第四十五条第一款的规定预售商品房的，由县级以上人民政府房产管理部门责令停止预售活动，没收违法所得，可以并处罚款。”《城市商品房预售管理办法》第13条规定：“开发企业未取得《商品房预售许可证》预售商品房的，依照《城市房地产开发经营管理条例》第三十九条的规定处罚。”《城市房地产开发经营管理条例》第36条规定：“违反本条例规定，擅自预售商品房的，由县级以上人民政府房地产开发主管部门责令停止违法行为，没收违法所得，可以并处已收取的预付款1%以下的罚款。”那么，房地产企业未对已售房屋明码标价的行为，法律又是如何规定的呢？

笔者认为，房地产企业的上述行为首先侵害了购房者作为消费者的合法权益。《消费者权益保护法》第20条第3款规定：“经营者提供商品或者服务应当明码标价。”此外，房屋作为特殊商品，法律对其价格也有着具体规范。《商品房销售明码标价规定》第2条第1款规定：“中华人民共和国境内的房地产开发企业和中介服务机构（以下统称商品房经营者）销售新建商品房，应当按照本规定实行明码标价。”第3条规定：“本规定所称明码标价，是指商品房经营者在销售商品房时按照本规定的要求公开标示商品房价格、相关收费以及影响商品房价格的其他因素。”第16条规定：“商品房经营者不按照本规定明码标价和公示收费，或者利用标价形式和价格手段进行价格欺诈的，由县级以上各级人民政府价格主管部门依据《中华人民共和国价格法》、《价格违法行为行政处罚规定》、《关于商品和服务实行明码标价的规定》、《禁止价格欺诈行为的规定》等法律、法规和规章实施行政处罚。”由此可知，房地产企业未对已售房屋明码标价属于违法行为，应依法承担相应的法律责任。

案例8：政府采购中，供应商不得以虚假材料牟取中标、成交

——某公司提供虚假审计报告案

【案情简介】

某省卫生厅对其网络设备进行政府采购，某公司在该项目投标中提供由某会计事务所出具的审计报告。后经某省卫生厅向某会计事务所查证核实，发现该公司提供的审计报告并非上述会计事务所出具，该所还提供了“经检查，该报告不是我所出具的报告”的书面证明。某省卫生厅认为，某公司已构成故意伪造审计报告的违法行为，应承担相应的法律责任，遂将其移交给某省财政厅。最终，某省财政厅决定对某公司作出以下行政处罚：“列入不良行为记录名单，在本决定生效之日起三年内禁止参加政府采购活动。”

【深度解析】

政府采购，是指国家机关、事业单位和团体组织，使用财政性资金采购集中采购目录以内的或者采购限额标准以上的货物、工程和服务的行为，《政府采购法》则是规范政府采购行为的法律规范。《政府采购法》第 1 条规定："为了规范政府采购行为，提高政府采购资金的使用效益，维护国家利益和社会公共利益，保护政府采购当事人的合法权益，促进廉政建设，制定本法。"该法具有以下特点：第一，有利于贯彻依法行政原则，促使政府采购规范化，使政府采购有法可依、有章可循，使政府财务支出更公开、更透明。第二，有利于加强政府采购资金的管理，提高利用效率和使用收益，使资金预算和支付管理更加规范，事前、事中监管得到强化。第三，发挥政府采购调控宏观经济的功能，使政府采购政策向国内企业、中小微企业倾斜，促进我国市场经济的健康发展。第四，强化财经纪律，促进反腐倡廉工作的进行，有效抑制政府采购中腐败现象的滋生。第五，最大限度维护国家利益，适应世界经济发展趋势，保护和支持民族企业的发展，不断增强国际市场竞争力。

本案中，某公司在政府采购项目投标中提供虚假的审计报告，并经某省卫生厅向某会计事务所查证核实，证明某公司所提供的审计报告并非该会计事务所出具。《政府采购法》第 25 条第 2 款规定："供应商不得以向采购人、采购代理机构、评标委员会的组成人员、竞争性谈判小组的组成人员、询价小组的组成人员行贿或者采取其他不正当手段谋取中标或者成交。"由此可知，在政府采购过程中，供应商不得向上述利害关系人行贿或者采取其他不正当手段谋取中标或者成交。某公司作为政府采购供应商，其向某省卫生厅提供虚假审计报告以谋取中标的行为，属于典型的不正当手段，应依法承担相应的法律责任。

《政府采购法》第 13 条规定：“各级人民政府财政部门是负责政府采购监督管理的部门，依法履行对政府采购活动的监督管理职责。各级人民政府其他有关部门依法履行与政府采购活动有关的监督管理职责。”第 77 条第 1 款规定：“供应商有下列情形之一的，处以采购金额千分之五以上千分之十以下的罚款，列入不良行为记录名单，在一至三年内禁止参加政府采购活动，有违法所得的，并处没收违法所得，情节严重的，由工商行政管理机关吊销营业执照；构成犯罪的，依法追究刑事责任：（一）提供虚假材料谋取中标、成交的……”由此可知，对于供应商提供虚假材料谋取中标、成交的违法行为，财政部门在处以行政罚款的同时，还应将其列入不良行为记录名单，禁止其在一年至三年内参加政府采购活动。本案中，某省财政厅最终对某公司作出“列入不良行为记录名单，在本决定生效之日起三年内禁止参加政府采购活动”的行政处罚，完全符合法律规定，虽然某省财政厅并未对该公司作出行政罚款，但法律对该项罚款的自由裁量权有着严格限制，以避免行政处罚失当现象的出现。

案例 9：加强税收征收管理，保障国家税收收入

——违反税收征收管理法相关案例

【案情简介】

案例一：

2014 年 5 月，A 区地税局对某公司 2010 年 1 月 1 日至 2013 年

12月31日的纳税情况进行了检查，发现该公司采取不予纳税申报的手段，造成少申报缴纳房产税3.84万元，企业所得税385.48万元，共计少缴纳税款389.32万元。对该公司的税收违法行为，A区地税局根据法律规定，追缴其少缴地方各税389.32万元，并对该公司少缴的地方各税从滞纳税款之日起按日加收滞纳金、处以罚款35.4万元。随后向该公司送达了《税务处理决定书》和《税务行政处罚决定书》。

案例二：

B区地税局稽查局接到公安部门转来的出售普通发票线索后，立即立案稽查。查实郭某荣为谋取利益，向他人出售普通发票15份和1份税收缴款书，涉票金额合计252.37万元。随后，稽查局根据相关法律规定对郭某荣予以行政处罚，并将其移送公安局经侦支队办理。最终法院对郭某荣判处有期徒刑三年，缓刑四年，并处罚金1万元。

案例三：

某公司成立于2000年3月，注册资本219324.9万元，注册地位于C市。经C市地方税务局稽查局检查，发现该公司在2009年1月1日至2011年12月31日，采取偷税手段，不缴或者少缴应纳税款17276万元，该局遂依法追缴税款，并处以罚款8638万元。

【深度解析】

案例一中，纳税人某公司采取不予纳税申报的违法手段，共计逃税389.32万元。《税收征收管理法》第25条第1款规定："纳税人必须依照法律、行政法规规定或者税务机关依照法律、行政法规的规定确定的申报期限、申报内容如实办理纳税申报，报送纳税申报表、财务会计报表以及税务机关根据实际需要要求纳税人报送的其他纳税资料。”由此可知，纳税人负有向纳税机关如实申报各种纳税资料的义务。如有违反，则将承担相应的法律责任。《税收征收管理法》第32条规定：“纳税人未按照规定期限缴纳税款的，扣缴义务人未按照规定期限解缴税款的，税务机关除责令限期缴纳外，从滞纳税款之日起，按日加收滞纳税款万分之五的滞纳金。”第64条第2款规定：“纳税人不进行纳税申报，不缴或者少缴应纳税款的，由税务机关追缴其不缴或者少缴的税款、滞纳金，并处不缴或者少缴的税款百分之五十以上五倍以下的罚款。”A区地税局对某公司所作的行政处罚决定完全符合法律规定。

案例二中，郭某荣向他人出售假发票的行为，已经违反了我国税收行政法律规范。《税收征收管理法》第21条规定：“税务机关是发票的主管机关，负责发票印制、领购、开具、取得、保管、缴销的管理和监督。单位、个人在购销商品、提供或者接受经营服务以及从事其他经营活动中，应当按照规定开具、使用、取得发票。发票的管理办法由国务院规定。”《发票管理办法》第38条规定：“私自印制、伪造、变造发票，非法制造发票防伪专用品，伪造发票监制章的，由税务机关没收违法所得，没收、销毁作案工具和非法物品，并处1万元以上5万元以下的罚款；情节严重的，并处5万元以上50万元以下的罚款；对印制发票的企业，可以并处吊销发票准印证；构成犯罪的，依法追究刑事责任。前款规定的处罚，《中华人民共和国税收征收管理法》有规定的，依照其规定执行。”由此可知，税务机关是发票的主管机关，其他单位和个人不得非法从事相关发票活动。如有违反，税务机关将依法予以行政处罚。构成犯罪的，则应追究刑事责任。那么，郭某荣向他人出售假发票的行为，是否触犯我国《刑法》呢？

《刑法》第209条第2款~第4款规定："伪造、擅自制造或者出售伪造、擅自制造的前款规定以外的其他发票的，处二年以下有期徒刑、拘役或者管制，并处或者单处一万元以上五万元以下罚金；情节严重的，处二年以上七年以下有期徒刑，并处五万元以上五十万元以下罚金。非法出售可以用于骗取出口退税、抵扣税款的其他发票的，依照第一款的规定处罚。非法出售第三款规定以外的其他发票的，依照第二款的规定处罚。"由此可知，郭某荣已经构成非法出售发票罪。该罪是指自然人或者单位，故意非法出售增值税专用发票、可以用于骗取出口退税、抵扣税款以外的其他发票的行为。需要注意的是，行为人所出售的发票必须是真实的。那么，郭某荣的犯罪行为是否达到立案追诉标准？《最高人民检察院、公安部关于公安机关管辖的刑事案件立案追诉标准的规定（二）》第58条规定："非法出售普通发票一百份以上或者票面额累计在四十万元以上的，应予立案追诉。"由此可知，郭某荣为谋取利益，向他人出售普通发票15份和1份税收缴款书，涉票金额合计252.37万元，已达到立案追诉标准。

案例三中，某公司采取偷税手段，不缴或者少缴应纳税款17276万元。《税收征收管理法》第63条规定："纳税人伪造、变造、隐匿、擅自销毁帐簿、记帐凭证，或者在帐簿上多列支出或者不列、少列收入，或者经税务机关通知申报而拒不申报或者进行虚假的纳税申报，不缴或者少缴应纳税款的，是偷税。对纳税人偷税的，由税务机关追缴其不缴或者少缴的税款、滞纳金，并处不缴或者少缴的税款百分之五十以上五倍以下的罚款；构成犯罪的，依法追究刑事责任。扣缴义务人采取前款所列手段，不缴或者少缴已扣、已收税款，由税务机关追缴其不缴或者少缴的税款、滞纳金，并处不缴或者少缴的税款百分之五十以上五倍以下的罚款；构成犯罪的，依法追究刑事责任。”由此可知，某公司的偷税行为违反了法律规定，应依法承担相应的法律责任。

案例10：防治环境污染，改善环境质量，保障公众健康，推进生态文明建设

——违反《环境保护法》相关案例

【案情简介】

案例一：

2015年1月10日至12日，A市环境监测站监测发现，某公司排放的颗粒物和二氧化硫浓度严重超标。1月16日，A市环保局送达责令改正违法行为决定书，责令某公司立即改正违法行为。2月2日，A市环保局组织复查，发现该公司排放的颗粒物浓度仍超标。2月5日，A市环保局下达行政处罚决定书，对某公司废气超标排放行为处以罚款10万元。3月3日，A市环保局下达行政处罚决定书，对某公司实施按日连续处罚，罚款基数10万元，计罚天数17天（起止时间1月17日至2月2日），罚款总额170万元。

案例二：

2015年2月25日，B区环保局对某公司进行检查，发现某公司私设暗管，将未经处理的生产废水直排苏北堤河。3月3日，B区环保局下达责令改正违法行为决定书，责令某公司立即拆除私设暗管（2月26日已拆除）。3月12日，B区环保局下达行政处罚决

定书，对某公司私设暗管违法行为处以罚款 10 万元（已执行到位），并将案件移送 B 区公安局查处。3 月 25 日，公安局决定对某公司副厂长王某行政拘留 10 日。

案例三：

2015 年 1 月 6 日，C 区环保局对某公司监督检查时发现，污水处理池有渗漏现象，渗漏废水未经处理排至公司围墙外水沟。1 月 8 日，C 区环保局下达责令改正违法行为决定书，责令某公司立即停止违法排污行为。1 月 19 日，C 区环保局下达行政处罚决定书，责令某公司停产整治，并对其以渗漏方式排放废水的环境违法行为处以罚款 7.07 万元。

案例四：

D 市环保局对某公司检查时发现，该公司甲醇精馏装置产生的高浓度精馏残液和冲洗废水，通过埋入地下的铁质暗管直通位于厂内东侧的渗坑。经现场测量，渗坑容积达 600 立方米，坑内废液 75 吨左右。经检测，土坑内的废水 COD（化学需氧量）浓度高达 129726 mg/L，氨氮 1.30 mg/L，并呈强碱性。D 市环保局随即责令该企业停产整治并对违法生产设施进行查封，还要求该企业对污染场地实施土壤生态修复，拆除偷排暗管，对危险废物进行规范化处置。

【深度解析】

案例一中，某公司所排放的颗粒物和二氧化硫浓度严重超标，在接到 A 市环保局送达的责令改正违法行为决定书后，其排放的颗粒物浓度仍然超标。对此，A 市环保局在作出行政罚款决定后，又对其实施按日连续处罚。《环境保护法》第 59 条第 1 款规定：“企业事业单位和其他生产经营者违法排放污染物，受到罚款处罚，被责令改正，拒不改正的，依法作出处罚决定的行政机关可以自责令改正之日的次日起，按照原处罚数额按日连续处罚。”由此可知，在按日计罚制度设计中，责令排污者改正违法行为是指立即停止排放污染物的行为，而非以往的“限期改正”，不给排污者留有限期内“合法的”排污空间。如果排污者没有立即改正，已作出行政罚款决定的环保行政机关可以自责令改正之日的次日起，按照原处罚数额按日连续处罚。那么，按日计罚制度具体适用于哪些情形呢?《环境保护主管部门实施按日连续处罚办法》第5条规定：“排污者有下列行为之一，受到罚款处罚，被责令改正，拒不改正的，依法作出罚款处罚决定的环境保护主管部门可以实施按日连续处罚：（一）超过国家或者地方规定的污染物排放标准，或者超过重点污染物排放总量控制指标排放污染物的；（二）通过暗管、渗井、渗坑、灌注或者篡改、伪造监测数据，或者不正常运行防治污染设施等逃避监管的方式排放污染物的；（三）排放法律、法规规定禁止排放的污染物的；（四）违法倾倒危险废物的；（五）其他违法排放污染物行为。”

案例二中，某公司私设暗管将未经处理的生产废水直排苏北堤河，在接到B区环保局下达的责令改正违法行为决定书后，于次日拆除了私设暗管，并执行了10万元的环境行政罚款。与此同时，B区环保局将此案移送至B区公安局，该局遂决定对某公司副厂长王某行政拘留10日。《环境保护法》第63条规定：“企业事业单位和其他生产经营者有下列行为之一，尚不构成犯罪的，除依照有关法律法规规定予以处罚外，由县级以上人民政府环境保护主管部门或者其他有关部门将案件移送公安机关，对其直接负责的主管人员和其他直接责任人员，处十日以上十五日以下拘留；情节较轻的，处五日以上十日以下拘留……（三）通过暗管、渗井、渗坑、灌注或者篡改、伪造监测数据，或者不正常运行防治污染设施等逃避监管的方式违法排放污染物的……”由此可知，某公司私设暗管，将未经处理的生产废水直接排放苏北堤河，其行为已经违反了上述法律规定，该公司直接负责的主管人员和其他直接责任人员应承担行政拘留的法律责任。由于环保部门不具备行政拘留权，只得将此案移交至公安机关，由其来具体执行。

案例三中，某公司的污水处理池有渗漏现象，渗漏废水未经处理排至公司围墙外水沟。对此，C 区环保局向其下达责令改正违法行为决定书，并最终作出责令其停产整治的行政处罚决定书。《环境保护法》第 60 条规定：“企业事业单位和其他生产经营者超过污染物排放标准或者超过重点污染物排放总量控制指标排放污染物的，县级以上人民政府环境保护主管部门可以责令其采取限制生产、停产整治等措施；情节严重的，报经有批准权的人民政府批准，责令停业、关闭。”由此可知，某公司作为排污者已经违反了上述法律规定，但其污水处理池渗漏现象不属于情节严重的情形，C 区环保局责令其停产整治的行政处罚完全符合法律规定。那么，法律对停产整治措施是否存在例外规定呢？《环境保护主管部门实施限制生产、停产整治办法》第 7 条规定：“具备下列情形之一的排污者，超过污染物排放标准或者超过重点污染物排放总量控制指标排放污染物的，环境保护主管部门应当按照有关环境保护法律法规予以处罚，可以不予实施停产整治：（一）城镇污水处理、垃圾处理、危险废物处置等公共设施的运营单位；（二）生产经营业务涉及基本民生、公共利益的；（三）实施停产整治可能影响生产安全的。”由此可知，对于涉及民生利益和公共安全的排污者，环保部门可不予实施停产整治。

案例四中，某公司的甲醇精馏装置产生的高浓度精馏残液和冲洗废水，通过埋入地下的铁质暗管直通位于厂内东侧的渗坑，已经违反了国家环保法律的相关规定，D市环保局依法将其设备查封。《环境保护法》第25条规定："企业事业单位和其他生产经营者违反法律法规规定排放污染物，造成或者可能造成严重污染的，县级以上人民政府环境保护主管部门和其他负有环境保护监督管理职责的部门，可以查封、扣押造成污染物排放的设施、设备。"由此可知，县级以上环保部门具有查封、扣押造成污染物排放的设施、设备的行政职责和强制权能。与此同时，法律也对查封、扣押排污者的设施和设备作出例外规定。《环境保护主管部门实施查封、扣押办法》第6条规定："具备下列情形之一的排污者，造成或者可能造成严重污染的，环境保护主管部门应当按照有关环境保护法律法规予以处罚，可以不予实施查封、扣押：（一）城镇污水处理、垃圾处理、危险废物处置等公共设施的运营单位；（二）生产经营业务涉及基本民生、公共利益的；（三）实施查封、扣押可能影响生产安全的。"由此可知，对于涉及民生利益和公共安全的排污者，环保部门可不予查封、扣押。

第六章 社 会 法

案例1：用人单位解除劳动者相关职务，并非等同于解除劳动关系

——某公司解除王某总经理职务案

【案情简介】

2012年，王某出任某公司总经理，该公司经过发展已成为年销售额逾50亿元的大型集团，并于2001年在上海股票交易所上市。2014年5月，王某被某公司解除总经理及董事职务，理由是其工作责任心不强，导致某会计师事务所对该公司内部控制出具否定意见的审计报告，并被媒体负面报道，对公司造成恶劣影响，为严重失职。

2014年6月，王某向某区劳动人事争议仲裁委员会申请仲裁，要求恢复自己同某公司的劳动关系。经过仲裁，该仲裁委员会支持了王某的请求，但某公司却不服该仲裁结果，向法院提起诉讼。法院经审理认为，某公司解除同王某的劳动合同缺乏事实依据，即便其认为王某不适合担任总经理职务，也应遵照劳动法律的相关规定合理调整王某的岗位。此外，如果王某表示愿意从事其他任何工作岗位，双方的劳动合同就没有不能继续履行的客观情形，因此某公司认为在解除王某总经理职务后双方劳动关系随即解除的意见于法

无据。法院判决某公司恢复与王某的劳动关系，并向其支付工资4万元。

2015年9月，某公司向中级人民法院提起上诉。但法院鉴于王某仍坚持要求恢复劳动关系并愿意在某公司从事任何工作的情形，最终作出裁定：维持某公司与王某恢复劳动关系的判决。随后，某公司向王某发出“中国文化应用研究员”的聘任书，要求其每周提交不少于2万字关于中国文化研究的进展报告，薪酬为6000元/月。王某所学专业和工作特长是市场管理方面，而该岗位则是对中国文化进行广泛性研究，提出在原料提取、产品概念等方面的应用建议，并且每年固定薪酬为72000元，分12个月支付，与其以往薪酬差距明显。王某认为，法院的判决是某公司安排一个适合自己的岗位，而不是随便地打发自己，其不接受某公司的工作安排，考虑继续维权。

【深度解析】

本案中，用人单位某公司以王某工作责任心不强，导致某会计师事务所对该公司内部控制出具否定意见的审计报告并给公司带来恶劣影响为由解除王某公司总经理的职务，并认为其与王某之间的劳动关系随之解除。对此，王某拿起法律武器维护自己作为劳动者的合法权益，经过劳动仲裁、一审及二审程序，最大限度地维护自身合法权益。劳动权是每个公民立足社会的根本，是权利同时也是义务。《宪法》第42条第1款规定：“中华人民共和国公民有劳动的权利和义务。”此外，我国还有两部重要法律维护劳动者的合法权益。《劳动法》第1条规定：“为了保护劳动者的合法权益，调整劳动关系，建立和维护适应社会主义市场经济的劳动制度，促进经济发展和社会进步，根据宪法，制定本法。”《劳动合同法》第1条规定：“为了完善劳动合同制度，明确劳动合同双方当事人的权利和义务，保护劳动者的合法权益，构建和发展和谐稳定的劳动关系，制定本法。”由此可知，对于用人单位侵害公民劳动权利的违法行为，劳动者可依据上述法律来维护自身合法权益。

具体到本案，笔者认为，争议焦点在于某公司解除同王某的劳动和同是否合法，劳动关系是否应当恢复。《劳动合同法》第7条规定：“用人单位自用工之日起即与劳动者建立劳动关系。用人单位应当建立职工名册备查。”由此可知，王某作为某公司的高级管理人员，同时也是该企业的一名员工，从该企业用工之日起，王某便与某公司在事实上建立了劳动关系，并且受法律保护。既然双方存在劳动关系，就应该签订相应的劳动合同。《劳动法》第16条规定：“劳动合同是劳动者与用人单位确立劳动关系、明确双方权利和义务的协议。建立劳动关系应当订立劳动合同。”那么，用人单位有权单方解除劳动合同的情形有哪些？

《劳动法》第25条规定：“劳动者有下列情形之一的，用人单位可以解除劳动合同：（一）在试用期间被证明不符合录用条件的；（二）严重违反劳动纪律或者用人单位规章制度的；（三）严重失职、营私舞弊，对用人单位利益造成重大损害的；（四）被依法追究刑事责任的。”《劳动合同法》第39条规定：“劳动者有下列情形之一的，用人单位可以解除劳动合同：（一）在试用期间被证明不符合录用条件的；（二）严重违反用人单位的规章制度的；（三）严重失职，营私舞弊，给用人单位造成重大损害的；（四）劳动者同时与其他用人单位建立劳动关系，对完成本单位的工作任务造成严重影响，或者经用人单位提出，拒不改正的；（五）因本法第二十六条第一款第一项规定的情形致使劳动合同无效的；（六）被依法追究刑事责任的。”由此可知，用人单位单方面解除劳动合同的情形以劳动者存在过错为主。那么，某公司解除王某总经理职务的行为是否等同于解除劳动关系？

笔者认为，用人单位解除劳动者的相关职务，并不等同于劳动关系的解除。此外，用人单位解除高级管理人员的相应职务属于无过错解除，即不考虑其在工作上是否存在一定的过错。本案中，某公司单方面认为解除王某职务即宣告劳动关系的解除，但王某并不存在相应的过错，其责任心不强导致某会计师事务所对公司内部控制出具否定意见的审计报告并非法律规定解除劳动合同的法定情形。由此可知，某公司解除同王某的劳动合同缺乏事实依据，即便其认为王某不适合担任总经理职务，也应遵照劳动法律的相关规定合理调整王某岗位。那么，作为高级管理人员的劳动者王某，其劳动权益在遭到用人单位侵害后，可采取哪些救济手段呢？《劳动法》第 77 条第 1 款规定：“用人单位与劳动者发生劳动争议，当事人可以依法申请调解、仲裁、提起诉讼，也可以协商解决。”《劳动合同法》第 77 条规定：“劳动者合法权益受到侵害的，有权要求有关部门依法处理，或者依法申请仲裁、提起诉讼。”由此可知，在用人单位与劳动者之间发生劳动争议、权益侵害等情况的，作为弱势群体的劳动者可依法申请调解、仲裁或诉讼。

案例2：用人单位不得在劳动者患病医疗期间单方面解除劳动合同

——刘某某与某大学某学院案

【案情简介】

2014年7月，某大学某学院教师刘某某被确诊为癌症。很快，家人为其联系了医院，并第一次打电话向学院请了半学期的假。2014年8月，刘某某开始接受手术与化疗。其间，刘某某的男友又去学院当面替其请假，学院批准到10月底。11月初，学院电话通知刘某某需要续假。但当时刘某某的家人无法前去请假，只得在电话中沟通，便以为算是和学院请过假了。

2015年1月，当刘某某的家人带着医院开的请假条去学院补假时，却被告知刘某某已被学院开除。尽管学院承认这段时间刘某某确实通过电话口头请假，但并不符合请假程序，学院不予认可。

2015年4月，刘某某的家人向某县劳动争议仲裁委员会提出仲裁申请。在经历仲裁程序后，刘某某的家人又向法院提起诉讼。第一次调解时，刘某某的家人要求学院保留其医保，而学院却以教师必须上台讲课为由拒绝。第二次调解时，刘某某的家人提出可以解除劳动合同，但学院需要给付经济补偿金10万元，包括工资和停医保之后多支付的医疗费。学院则表示，刘某某2012年才开始参加工作，按照法律规定，经济补偿金达不到10万元。最终，法院判决学院的开除文件无效，要求双方恢复劳动关系。但是学院并没有恢复与刘某某的劳动关系，并向中级人民法院提起上诉。2016

年6月，中级人民法院作出终审判决，认为一审查明的事实清楚，刘某某确因患病就医，不属于擅自离岗旷工，驳回学院的上诉申请，维持原判。

【深度解析】

在本案中，某大学某学院教师刘某某在患癌后被学院开除。笔者认为，与用人单位相比，劳动者处于相对弱势的地位，劳动者在为用人单位创造财富和价值的同时，其自身合法权益也应得到用人单位的尊重和保障。《宪法》第42条第1款规定："中华人民共和国公民有劳动的权利和义务。"由此可知，国家以《宪法》这一根本法的形式对我国公民的劳动权予以明文规定。某大学某学院以开除的方式剥夺刘某某的劳动权，违反宪法的规定，理应予以规范和纠正。除此以外，开除这一内部处分通常适用于行政机关对公务人员的处理，具有较强的政治色彩，而某大学某学院作为高校，其与教师刘某某之间是劳动关系，属于地位平等的民事法律关系主体，其做法是对刘某某合法权益的侵犯。

那么，在刘某某患病医疗期间，用人单位某大学某学院能否单方面解除劳动合同？笔者认为，其行为已违反法律。《劳动法》第29条规定："劳动者有下列情形之一的，用人单位不得依据本法第二十六条、第二十七条的规定解除劳动合同……（二）患病或者负伤，在规定的医疗期内的……"《劳动合同法》第42条规定："劳动者有下列情形之一的，用人单位不得依照本法第四十条、第四十一条的规定解除劳动合同……（三）患病或者非因工负伤，在规定的医疗期内的……"由此可知，在劳动者患病医疗期间，用人单位不得单方面解除劳动合同。本案中，刘某某在患病医疗期间曾以各种方式向学院请假，并向其出具了医院开具的请假条，表明自己始终处于规定医疗期内。对此，学院不能单方面解除劳动合同。那么，在刘某某患病医疗期间，其与用人单位某大学某学院之间的劳动合同是否存在解除的情形？

笔者认为，该情形是存在的，可分为两种：第一，协商解除。《劳动法》第24条规定："经劳动合同当事人协商一致，劳动合同可以解除。"《劳动合同法》第36条规定："用人单位与劳动者协商一致，可以解除劳动合同。"第二，过错解除。《劳动法》第25条规定："劳动者有下列情形之一的，用人单位可以解除劳动合同：（一）在试用期间被证明不符合录用条件的；（二）严重违反劳动纪律或者用人单位规章制度的；（三）严重失职、营私舞弊，对用人单位利益造成重大损害的；（四）被依法追究刑事责任的。"《劳动合同法》第39条规定："劳动者有下列情形之一的，用人单位可以解除劳动合同：（一）在试用期间被证明不符合录用条件的；（二）严重违反用人单位的规章制度的；（三）严重失职，营私舞弊，给用人单位造成重大损害的；（四）劳动者同时与其他用人单位建立劳动关系，对完成本单位的工作任务造成严重影响，或者经用人单位提出，拒不改正的；（五）因本法第二十六条第一款第一项规定的情形致使劳动合同无效的；（六）被依法追究刑事责任的。"本案中，身患癌症正处于规定医疗期的刘某某从未就"开除事宜"同学院协商过，也不存在因自身故意和过失而解除合同的情形，学院不得以上述理由解除劳动合同。那么，在教师刘某某患病医疗期满后，其与用人单位某大学某学院之间的劳动合同是否存在可以解除的情形？

笔者认为，在满足相关条件后，可以解除劳动关系。《劳动法》

第26条规定："有下列情形之一的，用人单位可以解除劳动合同，但是应当提前30日以书面形式通知劳动者本人：（一）劳动者患病或者非因工负伤，医疗期满后，不能从事原工作也不能从事由用人单位另行安排的工作的……"《劳动合同法》第40条规定："有下列情形之一的，用人单位提前三十日以书面形式通知劳动者本人或者额外支付劳动者一个月工资后，可以解除劳动合同：（一）劳动者患病或者非因工负伤，在规定的医疗期满后不能从事原工作，也不能从事由用人单位另行安排的工作的……"与《劳动法》相比，《劳动合同法》进一步保障了劳动者的合法权益，专门规定了解除劳动合同的两种具体方式。本案中，刘某某始终处于规定医疗期内，而某大学某学院在没有提前通知和支付工资的情况下，竟直接将其开除，严重侵犯了劳动者的合法权益。那么，对于某大学某学院侵害劳动者合法权益的行为，法律又规定了哪些救济手段呢？

笔者认为，劳动权作为我国公民的一项基本权利，理应得到应有的保障和必要的救济。《劳动法》第77条第1款规定："用人单位与劳动者发生劳动争议，当事人可以依法申请调解、仲裁、提起诉讼，也可以协商解决。"第79条规定："劳动争议发生后，当事人可以向本单位劳动争议调解委员会申请调解；调解不成，当事人一方要求仲裁的，可以向劳动争议仲裁委员会申请仲裁。当事人一方也可以直接向劳动争议仲裁委员会申请仲裁。对仲裁裁决不服的，可以向人民法院提起诉讼。"《劳动合同法》第89条规定："用人单位违反本法规定未向劳动者出具解除或者终止劳动合同的书面证明，由劳动行政部门责令改正；给劳动者造成损害的，应当承担赔偿责任。"由此可知，劳动者可通过依法申请调解、仲裁和诉讼等方式和手段解决劳动争议，从而最大限度地维护自身合法权益。

案例3：用人单位不得与劳动者通过协商一致的方式排除缴纳养老保险费

——某公司拒不为职工兰某缴纳养老保险费案

【案情简介】

2013 年 2 月 1 日，某公司成立，兰某被该公司董事会聘用为后勤部门经理。2 月 15 日，该公司与兰某签订了一年期的劳动合同。该合同约定，兰某的年薪为 10 万元，涵盖国家规定的各类补助、住房基金、养老保险费、交通补助、工作午餐补助等。除此之外，公司不再负担兰某的养老保险费用，兰某可自行办理商业养老保险，兰某对此未表示任何异议。

2015 年 3 月 1 日，兰某提前一个月向该公司提出解除劳动合同。4 月 1 日，双方就解除劳动合同协商一致。离职时，兰某得知还应办理养老保险基金转移手续并交纳个人养老保险金，遂向该公司人事部门询问。人事部经理刘某称，双方在签订劳动合同时已明确约定，工资已包含了养老保险费，由兰某自己负责办理商业养老保险，企业不再负担养老保险费用。对此，兰某要求该公司向当地人力资源与社会保障部门补缴其养老保险费，却遭到拒绝。兰某只得向当地劳动争议仲裁委员会申诉，要求该公司按规定补缴养老保险费。

【深度解析】

本案中，用人单位某公司以给予高薪的方式拒绝为劳动者兰某缴纳养老保险费，并以劳动合同的形式对该内容予以固定。笔者认为，该公司的行为已违反了劳动、社保等相关法律。《劳动法》第72条规定："社会保险基金按照保险类型确定资金来源，逐步实行社会统筹。用人单位和劳动者必须依法参加社会保险，缴纳社会保险费。"由此可知，职工社会保险不同于自由投保的商业保险，是法定的强制性保险，用人单位和职工都有参加职工社会保险的法定义务，必须无条件参加，并依法缴纳社会保险费。因此，某公司以高薪的方式拒绝为劳动者兰某缴纳养老保险费是违法的。那么，用人单位与劳动者能否通过协商一致的方式来排除养老保险的缴纳义务呢？

笔者认为，此种方式不可取，是违反法律规定的。众所周知，劳动、社保领域属于社会法的范畴，不完全适用当事人自由协商的原则。这是因为，用人单位与劳动者之间地位并不完全平等，用人单位往往利用经济上的优势占有主导地位。与此同时，用人单位和劳动者之间又存在较大的协商空间，难免会通过协商一致的方式侵害劳动者的合法权益。为此，国家强制力才积极介入劳动关系中，通过法律规范明确规定劳动原则、标准和精神，如工作时间、休息休假、最低工资等。需要注意的是，这些要求都是强制性标准，用人单位必须严格履行。

《社会保险法》第10条第1款规定："职工应当参加基本养老保险，由用人单位和职工共同缴纳基本养老保险费。"第23条第1款规定："职工应当参加职工基本医疗保险，由用人单位和职工按照国家规定共同缴纳基本医疗保险费。"第33条规定："职工应当参加工伤保险，由用人单位缴纳工伤保险费，职工不缴纳工伤保险费。"第44条规定："职工应当参加失业保险，由用人单位和职工按照国家规定共同缴纳失业保险费。”第 53 条规定：“职工应当参加生育保险，由用人单位按照国家规定缴纳生育保险费，职工不缴纳生育保险费。”由此可知，用人单位在与劳动者建立劳动关系后，应依法为劳动者缴纳养老保险费、医疗保险费、工伤保险费、失业保险费和生育保险费。其中，养老保险费、医疗保险费、失业保险费由用人单位和劳动者共同缴纳，工伤保险费和生育保险费由用人单位单独缴纳。

《民法典》第 153 条规定：“违反法律、行政法规的强制性规定的民事法律行为无效。但是，该强制性规定不导致该民事法律行为无效的除外。违背公序良俗的民事法律行为无效。”由此可知，由于用人单位和劳动者关于不参加社会保险的约定属于违反法律强制性规定，因此兰某与某公司签订的劳动合同自始无效。与此同时，该约定不能成为在劳动者反悔时，用人单位不参加社会保险的抗辩理由。换言之，即使该约定是劳动者真实意思的表示，其事后仍可反悔，其要求用人单位为其办理社会保险手续的请求仍然能够得到法律的支持。用人单位不得以劳动者同意不参加社会保险为由，主张免除社会保险义务。除此之外，考虑到用人单位在劳动关系中处于主导地位，尽管在不参加社会保险的约定中，劳动者也存在过错，但不追究其法律责任，相应的不利后果均由用人单位承担。

《社会保险法》第 84 条规定：“用人单位不办理社会保险登记的，由社会保险行政部门责令限期改正；逾期不改正的，对用人单位处应缴社会保险费数额一倍以上三倍以下的罚款，对其直接负责的主管人员和其他直接责任人员处五百元以上三千元以下的罚款。”第 86 条规定：“用人单位未按时足额缴纳社会保险费的，由社会保险费征收机构责令限期缴纳或者补足，并自欠缴之日起，按日加收万分之五的滞纳金；逾期仍不缴纳的，由有关行政部门处欠缴数额一倍以上三倍以下的罚款。”由此可知，某公司以给予高薪的方式拒绝为劳动者兰某缴纳养老保险费的行为是违法的，应依法承担相应的法律责任。

案例4：落实生产经营单位的安全主体责任

——违反《安全生产法》相关案例

【案情简介】

案例一：

A区安全生产监督管理局在例行检查中发现，某公司在未取得危险化学品安全生产许可证的情况下擅自从事危险化学品生产，其行为已经违反了安全生产相关法律规定。该局遂责令其限期改正，没收违法所得2万元，并处以12万元罚款。

案例二：

B区安全生产监督管理局在例行检查中发现，某公司未经批准擅自储存重氮等危险化学品、未设置安全设施和安全警示标志，其行为已经违反了安全生产相关法律规定。该局遂对该公司法定代表人涂某勇予以行政拘留，并扣押危险化学品4吨。

案例三：

C市某消防设施安装施工现场，某公司临时雇用的工人刘某在使用移动式脚手架进行屋顶钻孔施工时坠落受伤。后刘某经抢救无效死亡。事故发生后，该公司瞒报该起事故，后被群众举报。对此，C市安全生产监督管理局依法对该公司处以罚款30万元，并对公司主要负责人邱某处以上一年年收入100%的行政处罚。

案例四：

山东省D市安全生产监督管理局依法对某公司进行专项监督检查，发现该公司未按规定上报事故隐患排查治理统计分析表、未按规定建立健全从业人员安全培训档案、未按规定建立健全单位负责人现场带班制度。该局遂责令其限期改正，并处以行政罚款5.9万元。该公司最终按要求整改完毕，并足额缴纳了罚款。

【深度解析】

案例一中，某公司在未取得危险化学品安全生产许可证的情况下擅自从事危险化学品的生产。《安全生产法》第39条第1款规定："生产、经营、运输、储存、使用危险物品或者处置废弃危险物品的，由有关主管部门依照有关法律、法规的规定和国家标准或者行业标准审批并实施监督管理。"由此可知，危险化学品属于上述法条中的"危险物品"，其生产、经营、运输、储存、使用等环节应依法纳入安监、公安、质检、环保、交通、卫生、工商及邮政等部门的监督管理中。与此同时，国家还对危险化学品生产实行安全生产许可证制度。

《安全生产许可证条例》第2条规定："国家对矿山企业、建筑施工企业和危险化学品、烟花爆竹、民用爆炸物品生产企业（以下统称企业）实行安全生产许可制度。企业未取得安全生产许可证的，不得从事生产活动。"《危险化学品安全管理条例》第14条第1款、第2款规定："危险化学品生产企业进行生产前，应当依照《安全生产许可证条例》的规定，取得危险化学品安全生产许可证。生产列入国家实行生产许可证制度的工业产品目录的危险化学品的企业，应当依照《中华人民共和国工业产品生产许可证管理条例》的规定，取得工业产品生产许可证。”

对于违反上述法律规定的行为，国家设定了相应的法律责任。《安全生产许可证条例》第19条规定：“违反本条例规定，未取得安全生产许可证擅自进行生产的，责令停止生产，没收违法所得，并处10万元以上50万元以下的罚款；造成重大事故或者其他严重后果，构成犯罪的，依法追究刑事责任。”

案例二中，某公司未经批准擅自储存重氮等危险化学品、未设置安全设施和安全警示标志。《安全生产法》第35条规定：“生产经营单位应当在有较大危险因素的生产经营场所和有关设施、设备上，设置明显的安全警示标志。”第39条第2款规定：“生产经营单位生产、经营、运输、储存、使用危险物品或者处置废弃危险物品，必须执行有关法律、法规和国家标准或者行业标准，建立专门的安全管理制度，采取可靠的安全措施，接受有关主管部门依法实施的监督管理。”由此可知，危险化学品作为“危险品”，其储存应经相关部门批准，采取可靠的安全措施，并设置明显的安全警示标志。重氮属于危险化学品，其储存还应符合其他法律规定。

《危险化学品安全管理条例》第13条第1款规定：“生产、储存危险化学品的单位，应当对其铺设的危险化学品管道设置明显标志，并对危险化学品管道定期检查、检测。”第26条第1款规定：“危险化学品专用仓库应当符合国家标准、行业标准的要求，并设置明显的标志。储存剧毒化学品、易制爆危险化学品的专用仓库，应当按照国家有关规定设置相应的技术防范设施。”由此可知，储存危险化学品的单位，在采取安全措施的同时，还应对铺设的管道、储存的仓库设置明显标志。那么，B区安全生产监督管理局能否对该公司法定代表人徐某勇采取行政拘留措施?

笔者认为，该局不能对徐某勇实施行政拘留。《行政处罚法》第18条第2款、第3款规定:“国务院或者省、自治区、直辖市人民政府可以决定一个行政机关行使有关行政机关的行政处罚权。限制人身自由的行政处罚权只能由公安机关和法律规定的其他机关行使。”由此可知，行政拘留属于限制人身自由的行政处罚，依法由公安机关行使，安监部门不得对违法相对人实施行政拘留，而应交由公安机关依法行使。

案例三中，某公司在发生死亡一人的安全生产事故后，没有及时向安监部门报告。《安全生产法》第83条第2款规定:“单位负责人接到事故报告后，应当迅速采取有效措施，组织抢救，防止事故扩大，减少人员伤亡和财产损失，并按照国家有关规定立即如实报告当地负有安全生产监督管理职责的部门，不得隐瞒不报、谎报或者迟报，不得故意破坏事故现场、毁灭有关证据。”由此可知，在发生安全生产事故后，单位负责人应立刻采取有效措施进行抢救，并立即向当地安监部门报告。

而某公司负责人邱某竟违反法律规定，擅自瞒报，企图逃避法律制裁。《安全生产法》第110条规定:“生产经营单位的主要负责人在本单位发生生产安全事故时，不立即组织抢救或者在事故调查处理期间擅离职守或者逃匿的，给予降级、撤职的处分，并由应急管理部门处上一年年收入百分之六十至百分之一百的罚款;对逃匿的处十五日以下拘留;构成犯罪的，依照刑法有关规定追究刑事责任。生产经营单位的主要负责人对生产安全事故隐瞒不报、谎报或者迟报的，依照前款规定处罚。”那么，对发生安全生产事故的单位，法律又规定了哪些处罚措施呢?

《生产安全事故报告和调查处理条例》第3条第1款规定："根据生产安全事故（以下简称事故）造成的人员伤亡或者直接经济损失，事故一般分为以下等级……（四）一般事故，是指造成3人以下死亡，或者10人以下重伤，或者1000万元以下直接经济损失的事故。"《安全生产法》第114条规定："发生生产安全事故，对负有责任的生产经营单位除要求其依法承担相应的赔偿等责任外，由应急管理部门依照下列规定处以罚款：（一）发生一般事故的，处三十万元以上一百万元以下的罚款……"由此可知，C市安监局对某公司作出的行政罚款，完全符合法律规定。

案例四中，某公司未按规定上报事故隐患排查治理统计分析表、未按规定建立健全从业人员安全培训档案、未按规定建立健全单位负责人现场带班制度。该公司的"三未"行为已经违反了法律规定。《安全生产事故隐患排查治理暂行规定》第14条第1款规定："生产经营单位应当每季、每年对本单位事故隐患排查治理情况进行统计分析，并分别于下一季度15日前和下一年1月31日前向安全监管监察部门和有关部门报送书面统计分析表。统计分析表应当由生产经营单位主要负责人签字。"《生产经营单位安全培训规定》第22条规定："生产经营单位应当建立健全从业人员安全生产教育和培训档案，由生产经营单位的安全生产管理机构以及安全生产管理人员详细、准确记录培训的时间、内容、参加人员以及考核结果等情况。"《山东省生产经营单位安全生产主体责任规定》第30条规定："生产经营单位应当建立单位负责人现场带班制度，建立单位负责人带班考勤档案。带班负责人应当掌握现场安全生产情况，及时发现和处置事故隐患。"由此可知，某公司应依法承担相应的法律责任。

《安全生产事故隐患排查治理暂行规定》第26条规定："生产经营单位违反本规定，有下列行为之一的，由安全监管监察部门给予警告，并处三万元以下的罚款……（二）未按规定上报事故隐患排查治理统计分析表的……"《山东省生产经营单位安全生产主体责任规定》第35条规定："生产经营单位有下列行为之一的，由负有安全生产监督管理职责的部门责令限期改正，可处以5000元以上2万元以下的罚款，对其主要负责人处以1000元以上1万元以下的罚款；逾期不改正的，责令限期整顿，可处以2万元以上3万元以下的罚款，对其主要负责人处以1万元以上2万元以下的罚款；涉嫌犯罪的，依法追究刑事责任……（五）未按规定执行单位负责人现场带班制度的。"由此可知，某公司违反了三项法律规范，其罚款数额应累计叠加，不超过7万元。

案例5：预防、控制和消除职业病危害，保护劳动者健康及其相关权益

——违反《职业病防治法》相关案例

【案情简介】

案例一：

A市卫生局派员对某公司进行职业卫生执法检查，发现该公司主要从事镀铬、镀镍等电镀加工，存在铬酸、硫酸、盐酸、硝酸、其他粉尘等职业病危害因素，但该公司未按规定组织从事职业病危害作业的37名劳动者进行职业健康检查，并且未为劳动者建立职业健康监护档案。对此，A市卫生局责令该公司立刻改正、给予警

告并处行政罚款三万元。

案例二：

B市卫生局接到市疾病预防控制中心“关于王某某等人职业病诊断的报告”，该市某公司王某某等5名职工被诊断为苯中毒，另有4名职工为观察对象，B市卫生局组织调查组对该公司进行了调查处理。该公司主要从事工艺包装盒、塑料制品、木制工艺品制造、加工，使用的胶水黏合剂中存在苯、甲苯、二甲苯等职业病危害因素，未向卫生行政部门申报产生职业危害的项目。此外，对于接触职业病危害因素的职工，该公司未按规定为其配备符合职业病防护要求的个人防护用品，仅提供了普通的纱布口罩。B市疾控中心对该公司车间空气中职业危害因素进行了检测，发现该公司生产车间空气中苯、甲苯等物质的浓度不符合国家职业卫生标准。最终，B市卫生局依法对该公司作出行政处罚。

案例三：

C市安全生产监督管理局在对某公司检查时发现，该公司安排已经被诊断为噪声职业禁忌的劳动者继续从事接触噪声职业病危害的作业。此外，该公司与从事职业危害岗位作业的工人所签订的劳动合同中，并未写明工作过程中可能产生的职业病危害及其后果、职业病防护措施和待遇等事项。对此，C市安全生产监督管理局决定对上述两个违法行为合并处罚，决定给予警告，责令限期治理和改正，并处罚款10万元。

【深度解析】

案例一中，某公司存在多种职业病危害因素，但该公司并未对从事职业病危害作业的劳动者进行职业健康检查，并且未建立职业健康监护档案，该行为已经触犯相关法律规定。《职业病防治法》第 36 条第 1 款规定：“用人单位应当为劳动者建立职业健康监护档案，并按照规定的期限妥善保存。”第 39 条规定：“劳动者享有下列职业卫生保护权利……（二）获得职业健康检查、职业病诊疗、康复等职业病防治服务……用人单位应当保障劳动者行使前款所列权利。因劳动者依法行使正当权利而降低其工资、福利等待遇或者解除、终止与其订立的劳动合同的，其行为无效。”由此可知，对劳动者进行职业健康检查并建立职业健康监护档案，是劳动者的基本权利，也是用人单位的法定义务。如有违反，将承担相应的法律责任。

《职业病防治法》第 71 条规定：“用人单位违反本法规定，有下列行为之一的，由卫生行政部门责令限期改正，给予警告，可以并处五万元以上十万元以下的罚款……（四）未按照规定组织职业健康检查、建立职业健康监护档案或者未将检查结果书面告知劳动者的……”由此可知，用人单位如果未按照规定组织职业健康检查或建立职业健康监护档案的，将直接面临责令限期改正，给予警告的处罚，还有可能面临一定数额的罚款。需要注意的是，该违法行为的处罚主体是安全生产监督管理部门，而非卫生行政管理部门。A 市卫生局处罚该公司的行为违反了法律规定，超越了法定职权。

案例二中，某公司严重违反职业病防治法的相关规定，不仅未向卫生行政部门申报产生职业危害的项目，而且未按规定为劳动者配备符合职业病防护要求的个人防护用品，甚至其生产车间空气中苯、甲苯等物质的浓度不符合国家职业卫生标准。《职业病防治法》第 22 条规定：“用人单位必须采用有效的职业病防护设施，并为劳动者提供个人使用的职业病防护用品。用人单位为劳动者个人提供的职业病防护用品必须符合防治职业病的要求；不符合要求的，不得使用。”第 31 条规定：“任何单位和个人不得将产生职业病危害的作业转移给不具备职业病防护条件的单位和个人。不具备职业病防护条件的单位和个人不得接受产生职业病危害的作业。”由此可知，用人单位应为劳动者提供个人使用的职业病防护用品，并且该防护用品必须符合防治职业病的要求，这是其应尽的职责与义务。对于不符合相关要求和标准的防护用品，禁止用人单位使用。

与此同时，用人单位还负有向卫生行政管理部门申报职业病危害项目的责任。《职业病防治法》第 16 条第 2 款规定：“用人单位工作场所存在职业病目录所列职业病的危害因素的，应当及时、如实向所在地卫生行政部门申报危害项目，接受监督。”此外，用人单位所属工作场所职业病危害因素，必须符合国家职业卫生标准和卫生要求。《职业病防治法》第 26 条第 4 款规定：“发现工作场所职业病危害因素不符合国家职业卫生标准和卫生要求时，用人单位应当立即采取相应治理措施，仍然达不到国家职业卫生标准和卫生要求的，必须停止存在职业病危害因素的作业；职业病危害因素经治理后，符合国家职业卫生标准和卫生要求的，方可重新作业。”

案例三中，某公司安排已经被诊断为噪声职业禁忌的劳动者继续从事接触噪声职业病危害的作业，属于违法行为。《职业病防治法》第 35 条第 2 款规定：“用人单位不得安排未经上岗前职业健康检查的劳动者从事接触职业病危害的作业；不得安排有职业禁忌的劳动者从事其所禁忌的作业；对在职业健康检查中发现有与所从事的职业相关的健康损害的劳动者，应当调离原工作岗位，并妥善安置；对未进行离岗前职业健康检查的劳动者不得解除或者终止与其订立的劳动合同。”第 75 条规定：“违反本法规定，有下列情形之一的，由卫生行政部门责令限期治理，并处五万元以上三十万元以下的罚款；情节严重的，责令停止产生职业病危害的作业，或者提请有关人民政府按照国务院规定的权限责令关闭……（七）安排未经职业健康检查的劳动者、有职业禁忌的劳动者、未成年工或者孕期、哺乳期女职工从事接触职业病危害的作业或者禁忌作业的……”

与此同时，某公司与劳动者签订的劳动合同中，未写明工作过程中可能产生的职业病危害及其后果、职业病防护措施和待遇等事项，也属于违法行为。《职业病防治法》第33条第1款规定：“用人单位与劳动者订立劳动合同（含聘用合同，下同）时，应当将工作过程中可能产生的职业病危害及其后果、职业病防护措施和待遇等如实告知劳动者，并在劳动合同中写明，不得隐瞒或者欺骗。”第71条规定：“用人单位违反本法规定，有下列行为之一的，由卫生行政部门责令限期改正，给予警告，可以并处五万元以上十万元以下的罚款……（三）订立或者变更劳动合同时，未告知劳动者职业病危害真实情况的……”由此可知，该公司的行为已经违反了法律规定，应依法承担相应的法律责任。

案例6：依法保护消费者合法权益，促进市场经济健康发展

——侵害消费者合法权益相关案例

【案情简介】

案例一：

王某在某网站上购买了数盒保健品，准备送给母亲。王某在网上付款后，其母隔天便收到该保健品。但王某得知姐姐也为母亲购

买了同品牌的保健品数盒后，便想退货。王某联系网店店主，称保健品已经收到，但由于其姐姐已经购买了数盒同样的保健品，而且保健品没有拆封，希望退货。对此，网店店主直接拒绝了王某的退货请求，并称其店铺不支持七日无条件退换货，不退不换。王某只得将保健品另送他人。

案例二：

张某某到某超市购买生活用品。由于其未找到相应商品，便准备离开超市。但在超市出口处，张某某被该超市保安以偷窃为由强行拖回。该保安语言侮辱张某某，并强行搜身。后经派出所民警核实，张某某并未偷窃。然而，张某某的精神却受到严重伤害，除了父亲张某以外不敢接触任何人，被送到精神病院住院治疗，花费巨大。不久，张某作为张某某的法定监护人向法院起诉，要求某超市赔偿张某某的医疗费用、误工费用及精神损害费用等。经司法机关鉴定，张某某的精神病与该超市保安的搜身有着直接的因果关系。后经法院调解，张某与某超市达成协议，某超市向张某某支付包括精神抚慰金在内的各项赔偿金共计90万元人民币。

案例三：

2015年8月16日，李某某购买了某公司生产的山地自行车，但骑行一个月后便出现轮胎磨损严重、刹车间接失灵等问题。李某某多次将山地自行车送往生产厂家修理，但依旧故障频发，只得将其放置不再使用。2016年年初，该山地自行车生产厂家宣布因质量原因，召回2016年以后购买的该款山地自行车，不包括李某某在2015年购买的该款山地自行车。李某得知后准备提起诉讼，却因诉讼费用高、耗时耗力等顾虑作罢。

案例四：

郭某某被某保健品公司的电视广告所吸引，该广告代言人是某女明星。郭某某对该女明星印象非常好，便去商场的保健品专柜购买了其代言的钙片。在服用将近三个月后，郭某某的骨质疏松症状没有得到有效缓解，反倒持续加重。经过查询，郭某某发现该款产品的生产许可证编号对应的产品是“糖果”，并不是“钙片”，属于无生产许可证编号的违法产品。郭某某表示，选择该品牌是看中其形象代言人为某女明星，该女明星在郭某某印象里形象非常好，才导致自己的误信。

【深度解析】

案例一中，网店店主以自己所经营的网店不属于七日无条件退货范围为由，直接拒绝消费者王某的退货请求。笔者认为，该网店店主作为经营者已经侵犯了王某的合法权益，应依法满足其退货请求。《消费者权益保护法》第25条规定：“经营者采用网络、电视、电话、邮购等方式销售商品，消费者有权自收到商品之日起七日内退货，且无需说明理由，但下列商品除外：（一）消费者定作的；（二）鲜活易腐的；（三）在线下载或者消费者拆封的音像制品、计算机软件等数字化商品；（四）交付的报纸、期刊。除前款所列商品外，其他根据商品性质并经消费者在购买时确认不宜退货的商品，不适用无理由退货。消费者退货的商品应当完好。经营者应当自收到退回商品之日起七日内返还消费者支付的商品价款。退回商品的运费由消费者承担；经营者和消费者另有约定的，按照约定。”由此可知，王某作为消费者通过网络购物的形式购买保健品，并且该保健品并未拆封，其有权在收到该保健品七日内请求退货，经营者不得以任何理由拒绝。需要注意的是，如果网店店主就保健品的退货事宜与王某达成一致，王某原则上应承担因保健品退货所产生的运费。

案例二中，消费者张某某在购物期间竟被某超市保安无故拖拽，并遭到语言侮辱、强制搜身，导致张某某患上精神病。笔者认为，某超市作为该保安的用人单位，理应对其行为所造成的损害承担相应的法律责任。与此同时，消费者的人身、财产权益应得到经营者的尊重和保护。《消费者权益保护法》第7条规定："消费者在购买、使用商品和接受服务时享有人身、财产安全不受损害的权利。消费者有权要求经营者提供的商品和服务，符合保障人身、财产安全的要求。"第49条规定："经营者提供商品或者服务，造成消费者或者其他受害人人身伤害的，应当赔偿医疗费、护理费、交通费等为治疗和康复支出的合理费用，以及因误工减少的收入。造成残疾的，还应当赔偿残疾生活辅助具费和残疾赔偿金。造成死亡的，还应当赔偿丧葬费和死亡赔偿金。"第50条规定："经营者侵害消费者的人格尊严、侵犯消费者人身自由或者侵害消费者个人信息依法得到保护的权利的，应当停止侵害、恢复名誉、消除影响、赔礼道歉，并赔偿损失。"第51条规定："经营者有侮辱诽谤、搜查身体、侵犯人身自由等侵害消费者或者其他受害人人身权益的行为，造成严重精神损害的，受害人可以要求精神损害赔偿。"由此可知，该超市应该赔偿张某某相应的医疗费、护理费、交通费和精神抚慰金，并对保安言语侮辱张某某的行为赔礼道歉。

案例三中，消费者李某某面对存在产品质量问题的山地自行车，本想运用法律手段维护自己的合法权益。但在衡量诉讼费用、举证责任、诉讼时间等维权成本后，最终选择了放弃。实践中，损害消费者合法权益的事件多有发生，如某奶粉事件、问题胶囊事件和某洗衣机召回排除中国事件等。对此，消费者可通过当地的消费者协会，由其依法提起公益诉讼，从而维护消费者合法权益。《消费者权益保护法》第 37 条第 1 款规定：“消费者协会履行下列公益性职责……（七）就损害消费者合法权益的行为，支持受损害的消费者提起诉讼或者依照本法提起诉讼……”由此可知，针对不断出现的侵犯消费者权益的群体性消费事件，消费者可向当地消费者协会及时反映，并请求其提起公益诉讼。笔者认为，想真正使公益诉讼成为保护消费者合法权益的有力武器，我国法律还应进一步扩张原告资格、明确诉讼范围、规范诉讼中消费者与消协之间的权利义务、对消协在诉讼中处分实体和程序权利的能力予以一定的限制。

案例四中，消费者郭某某由于对广告代言人印象很好，而误认为其代言产品的质量没有问题，并购买使用，最终却发现该产品没有相应的生产许可证书编号，属于问题产品。《消费者权益保护法》第 45 条规定：“消费者因经营者利用虚假广告或者其他虚假宣传方式提供商品或者服务，其合法权益受到损害的，可以向经营者要求赔偿。广告经营者、发布者发布虚假广告的，消费者可以请求行政主管部门予以惩处。广告经营者、发布者不能提供经营者的真实名称、地址和有效联系方式的，应当承担赔偿责任。广告经营者、发布者设计、制作、发布关系消费者生命健康商品或者服务的虚假广告，造成消费者损害的，应当与提供该商品或者服务的经营者承担连带责任。社会团体或者其他组织、个人在关系消费者生命健康商品或者服务的虚假广告或者其他虚假宣传中向消费者推荐商品或者服务，造成消费者损害的，应当与提供该商品或者服务的经营者承担连带责任。”由此可知，该钙片的经营者属于利用虚假广告对消费者进行宣传，并损害了消费者的合法权益，郭某某可要求其予以赔偿。与此同时，代言该钙片的某女明星应当与该经营者一起承担连带责任。

案例7：监护人应树立正确家庭教育理念，禁止对未成年人实施家庭暴力

——李某某故意伤害案

【案情简介】

2013年6月，婚后未育的李某某与其丈夫通过民政局办理了收养小宝的手续。2015年3月31日，李某某认为小宝考试作弊并撒谎，在家中先后使用抓痒耙、跳绳等物对小宝进行抽打，造成小宝体表分布范围较广泛的挫伤。

2015年4月2日，某市公安局接到某学校老师报案，称该校学生身上有多处表皮伤，怀疑系遭其养母殴打所致，警方随即展开调查工作。经某市公安局物证鉴定所鉴定，小宝躯干、四肢等部位挫伤面积为体表面积的10%，其所受损伤已经构成轻伤一级。

2015年4月4日，李某某经公安机关电话通知后到案接受调查，并如实交代了自己抽打小宝的行为。与此同时，某市公安部门也开始介入此案。2015年4月5日，李某某因涉嫌故意伤害罪被某市警方刑事拘留，小宝暂被其亲生父母接回抚养。2015年4月16日，某区检察院举行了审查逮捕听证会，就是否应批准逮捕涉嫌故意伤害的犯罪嫌疑人李某某听取社会各界的意见。2015年4月19日，某区检察院依法对李某某作出不予逮捕的决定，李某某随即被

释放，并取保候审。

2015年7月20日，某区检察院以李某某涉嫌故意伤害罪向法院提起公诉。2015年9月28日，法院开庭审理此案。庭审中，公诉人某区检察院认为李某某作为养母，因家庭教育方式不当，故意伤害小宝身体，并且造成其损伤程度达到轻伤一级的严重后果，构成故意伤害罪。而李某某的辩护人则认为李某某作为养母，其抽打小宝身体的行为虽有不当，但仍属于家庭教育，并且小宝伤势仅构成轻微伤，其行为没有构成犯罪。此外，李某某在事发后向小宝和社会各界公开道歉，承认自己的教育方法不当，表示愿意悔过，并取得小宝及其亲生父母的谅解，司法机关不应再受理此案，但某区法院并未采纳该意见。最终法院以李某某犯故意伤害罪，判处有期徒刑6个月。

李某某提起上诉，2015年11月20日，中级人民法院开庭审理此案。庭审中，李某某认为小宝仍应继续由自己抚养，并向法庭出具了一段小宝请求妈妈回家的视频资料，请求法院判决自己无罪。同时，李某某的辩护人认为，法院应尊重受害人的程序选择权，予以改判。但最终法院裁定驳回上诉，维持原判。

【深度解析】

在我国，家庭教育问题一直引起社会广泛关注，由于未成年人的身体、人格及心理尚不健全，缺乏辨别是非和抵御风险的能力，极易遭受侵害。家庭，作为社会组成的基本单位，本应是未成年人身体成长、人格健全和心理完善的“避风港”。然而，家庭教育缺位导致部分未成年人受伤害的事件屡有发生，有的监护人甚至将实施家庭暴力混同为家庭教育方式。为回应社会各界的呼声，2021

年10月23日《家庭教育促进法》发布，将家庭教育定义为父母或者其他监护人对未成年人的培育、引导和影响。其第1条规定：“为了发扬中华民族重视家庭教育的优良传统，引导全社会注重家庭、家教、家风，增进家庭幸福与社会和谐，培养德智体美劳全面发展的社会主义建设者和接班人，制定本法。”

本案中，李某某作为收养人，因小宝考试作弊并撒谎，为进行管教，竟然使用抓痒耙、跳绳等物对其进行抽打，造成小宝体表分布范围较广泛的挫伤。法院最终以故意伤害罪，判处李某某有期徒刑6个月。从法律上来看，《家庭教育促进法》第5条规定：“家庭教育应当符合以下要求……（二）尊重未成年人人格尊严，保护未成年人隐私权和个人信息，保障未成年人合法权益……”父母或其他监护人在实施家庭教育中对未成年子女进行训诫和管教，一定程度上是允许的，但该行为不能超出一定界限，以免侵害未成年人的合法权益。该界限可从两方面来认定：主观方面，应以引导、教育未成年人为目的，而非监护人不良情绪的宣泄；客观方面，不得对未成年人进行心理上的摧残、人格上的侮辱和身体上的伤害。

笔者认为，李某某抽打小宝的行为已然超出法律所规定的界限，应当承担相应的法律责任。主观方面，面对小宝考试作弊以及撒谎的事实，李某某拿起抓痒耙和跳绳等物对其进行抽打，完全是内心愤懑心理的宣泄，毫无引导和教育目的可言；客观方面，李某某抽打小宝的行为使其遍体鳞伤，经法医鉴定已构成轻伤，理应依法承担相应的法律责任。那么，本案中所涉及的法律问题有哪些呢？

第一，李某某收养小宝的资格是否因此而丧失？无论基于何种原因，法律都禁止父母暴力殴打子女。《未成年人保护法》第17条规定："未成年人的父母或者其他监护人不得实施下列行为：（一）虐待、遗弃、非法送养未成年人或者对未成年人实施家庭暴力……"《家庭教育促进法》第23条规定："未成年人的父母或者其他监护人不得因性别、身体状况、智力等歧视未成年人，不得实施家庭暴力……"由此可知，李某某抽打小宝的行为属于典型的家庭暴力，是违法行为。《民法典》第1114条第2款规定："收养人不履行抚养义务，有虐待、遗弃等侵害未成年养子女合法权益行为的，送养人有权要求解除养父母与养子女间的收养关系。送养人、收养人不能达成解除收养关系协议的，可以向人民法院提起诉讼。"由此可知，李某某抽打小宝的行为已然侵害了其合法权益，其亲生父母有权要求解除李某某与小宝之间的收养关系。本案中，小宝的亲生父母却认为李某某抽打小宝的行为并非家庭暴力，没有解除收养关系的意思表示。除此以外，受害人小宝的态度也至关重要。即便受到抽打，小宝也认为这是李某某教育自己的表现，并要求其尽快回到自己的身边。综上所述，笔者认为李某某收养小宝的资格不会因此而丧失。

第二，李某某抽打小宝的行为是否触犯《刑法》？《刑法》第234条规定："故意伤害他人身体的，处三年以下有期徒刑、拘役或者管制。犯前款罪，致人重伤的，处三年以上十年以下有期徒刑；致人死亡或者以特别残忍手段致人重伤造成严重残疾的，处十年以上有期徒刑、无期徒刑或者死刑。本法另有规定的，依照规定。"由此可知，李某某在主观上具有伤害小宝的故意，客观上实施了抽打小宝的行为，并且经法医鉴定已构成轻伤，已然触犯刑法中的故意伤害罪。那么，李某某抽打小宝的行为是否触犯《刑法》中的虐待罪呢？《刑法》第260条规定："虐待家庭成员，情节恶劣的，处二年以下有期徒刑、拘役或者管制。犯前款罪，致使被害人重伤、死亡的，处二年以上七年以下有期徒刑。第一款罪，告诉的才处理，但被害人没有能力告诉，或者因受到强制、威吓无法告诉的除外。”由此可知，虐待罪要求犯罪主体具有长期殴打、辱骂及侮辱受害人的行为存在。本案中，李某某在生活、学习上均给予小宝无微不至的关怀，这些事实也都得到小宝的承认和印证，表明其并不存在虐待受害人的情形。因此，李某某抽到小宝的行为触犯故意伤害罪，而非虐待罪。

第三，受害人小宝的程序选择权利，法院是否应予尊重并采纳？本案中，李某某的辩护律师向法庭出示了受害人小宝要求其母尽快回到自己身边的书证和视频资料，并且还出示了刑事谅解书与刑事和解协议书，以此要求法院不予受理该案或者依法改判。《民法典》第19条规定：“八周岁以上的未成年人为限制民事行为能力人，实施民事法律行为由其法定代理人代理或者经其法定代理人同意、追认；但是，可以独立实施纯获利益的民事法律行为或者与其年龄、智力相适应的民事法律行为。”本案庭审时，小宝已满9周岁，虽然可以实施与其年龄、智力相适应的民事法律行为，但对于通过法律途径维护自身合法权益还不具备相应的认知能力和判断能力，无法作出相应的程序选择。因此，法院不能依小宝的程序选择权利作出不予受理或依法改判的裁判，应严格依照法律规定作出相应判决。除此以外，根据儿童利益最大化原则，李某某抽打小宝的行为已严重侵犯其生命健康权，理应为自己的行为承担法律责任。

案例8：赡养人不得以放弃继承权为由拒绝履行赡养义务

——马某某与四子赡养案

[案情简介]

马某某是某县的一名农民，共有六名子女，由于小女儿已经去世，大女儿身患重病，赡养老人的任务就落到四个儿子身上。1997年，马某某因赡养问题将四个儿子诉至法院。当时法院判决四个儿子每人每年给付马某某小麦200斤，并支付生活费20元。此后，马某某一直跟随小儿子生活。

2010年年初，兄弟四人在中间人的见证下签订了一份赡养协议，约定：马某某的老宅院归小儿子所有，老人的生养死葬也由其负担。对此协议，马某某并不知情，后来儿子们才告诉他。没过多久，小儿子拆除了老宅院，并在其上新建了房屋。2013年冬，马某某患上严重的老年病，不仅花光了自己的积蓄，还失去了劳动能力，一日三餐均由小儿子提供。由于刚建房没多久，小儿子的生活也极为窘迫，无法独立负担老人的医药费用。马某某要求其他三个儿子也对自己尽赡养义务。

但三个儿子均予以拒绝。大儿子认为，父亲的老宅院已归小儿子所有，小儿子应该承担所有责任，赡养协议上也已经写明。二儿子赞同大儿子的观点，以自己有一个身体残疾的女儿为由拒绝负担老人的赡养费用。三儿子经济条件稍好一些，但自己的儿子患有尿毒症，也拒绝赡养老人。此时，小儿子也开始反悔，认为赡养父亲的任务不应由自己一人负担。对于赡养协议，他表示是被迫的，如果自己不在协议上签字，就无法在父亲的老宅院上盖房。

因无人赡养自己，马某某再次将四个儿子诉至法院。2014 年 6 月，法院作出一审判决，要求四个儿子在每月 20 日前支付马某某当月入住养老院费用 400 元，并均摊其医疗费用。除小儿子外，其他三个儿子均向中级人民法院提起上诉。2014 年 11 月 7 日，中级人民法院开庭审理此案，最终达成调解协议，四个儿子每人每年给付马某某小麦 200 斤、生活费 1000 元，并均摊医疗费用。

【深度解析】

尊老敬老是中华民族的优秀传统，但农村遗弃、虐待、侮辱老年人的现象却时有发生，农村老年人的养老问题也日益尖锐。在封闭的农业经济条件下，农民年轻时抚养子女，年老后由子女赡养，是一种相对平等的代际交换。而在开放的市场经济条件下，契约的产生基础和存在条件却发生了根本改变，农村老年人与子女之间的代际交换变得不对等，诸如农村养老成本增加、老年人支配资源减少、乡土伦理价值观念瓦解以及道德约束机制弱化等因素，都加剧了不对等的程度，致使农村养老问题越发困难和突出。

《宪法》第 49 条第 3 款规定："父母有抚养教育未成年子女的义务，成年子女有赡养扶助父母的义务。"由此可知，国家以《宪法》这一根本法的形式对成年子女赡养辅助父母之义务予以明确规定。《民法典》第 1067 条第 2 款规定："成年子女不履行赡养义务的，缺乏劳动能力或者生活困难的父母，有要求成年子女给付赡养费的权利。"由此可知，《民法典》不仅重申了赡养义务，还明确规定了救济权利。《老年人权益保障法》第 13 条规定："老年人养老以居家为基础，家庭成员应当尊重、关心和照料老年人。”第14条第1款规定：“赡养人应当履行对老年人经济上供养、生活上照料和精神上慰藉的义务，照顾老年人的特殊需要。”第15条规定：“赡养人应当使患病的老年人及时得到治疗和护理；对经济困难的老年人，应当提供医疗费用。对生活不能自理的老年人，赡养人应当承担照料责任；不能亲自照料的，可以按照老年人的意愿委托他人或者养老机构等照料。”第16条规定：“赡养人应当妥善安排老年人的住房，不得强迫老年人居住或者迁居条件低劣的房屋。老年人自有的或者承租的住房，子女或者其他亲属不得侵占，不得擅自改变产权关系或者租赁关系。老年人自有的住房，赡养人有维修的义务。”第17条规定：“赡养人有义务耕种或者委托他人耕种老年人承包的田地，照管或者委托他人照管老年人的林木和牲畜等，收益归老年人所有。”由此可知，该法对老年人的赡养问题规定得极为详细，涉及赡养主体、赡养义务、医疗护理、住房维修、田地林木等多个方面。但问题随之而来，即子女能否以放弃对父母的继承权为由拒绝履行赡养父母的义务？

本案中，小儿子为能在老宅院上修建房屋，不得已在中间人的见证下与其他三个儿子签订了赡养协议，约定老宅院归自己所有，父亲的生养死葬也由自己负担。与此同时，其他三个儿子也承诺放弃对老宅院的继承权，父亲的生养死葬也不再负担。此种赡养协议在农村并不鲜见，并且为农村老年人及其子女所认可并接受。然而，我国法律对这些观念持否定态度。《老年人权益保障法》第19条第1款、第2款规定：“赡养人不得以放弃继承权或者其他理由，拒绝履行赡养义务。赡养人不履行赡养义务，老年人有要求赡养人付给赡养费等权利。”第20条第1款规定：“经老年人同意，赡养人之间可以就履行赡养义务签订协议。赡养协议的内容不得违反法律的规定和老年人的意愿。”由此可知，其他三个儿子不能以放弃对其父的继承权为由拒绝履行赡养父亲的义务，马某某的四个儿子之间签订的赡养协议因违反法律规定并且没有征得马某某同意而无效。对法律主体而言，权利与义务是相辅相成的，权利的实现有赖于义务的履行，义务的履行也促进了权利的实现。权利作为一种条件、资格是可以被法律主体放弃行使的，但义务作为一种负担、责任是不能被法律主体拒绝履行的。与此同时，法律主体更不能以权利的放弃行使来换取义务的拒绝履行。综上所述，马某某的四个儿子均负有赡养父亲的法定义务，应从经济上、生活上、医疗上、精神上等多个方面赡养老人。

案例9：依法保障妇女合法权益，禁止对妇女实施性骚扰

——樊某与刘某性骚扰案

【案情简介】

2010年9月，樊某考入某高校攻读博士研究生。2012年6月，樊某来到导师刘某的办公室向其汇报实验进展情况。刘某摸了樊某的脸，又说了一些含有性暗示的话。樊某惊慌地离开其办公室。

2015年9月，该高校博士论文进行开题报告，当樊某汇报时，刘某却称其没有见过这些实验数据。随后，樊某到实验室的公共电脑上查看原始数据，发现竟被人为删除。第二天，刘某要其承认数据造假，否则将其交到学校处理。最终，樊某的论文没有通过当年

的答辩审核，学校建议其更换导师，并延期答辩。

2015 年 11 月，该高校决定给予樊某严重警告处分。樊某随即向某市教委申诉，但最终被其驳回。2016 年 1 月，樊某以某市教委为被告向法院提起诉讼，请求撤销某高校的处分决定。与此同时，刘某性骚扰的行为也为公众所知晓。

【深度解析】

性骚扰，不仅包含着社会道德评价，还包含着国家法律约束。我国的性骚扰事件时有发生，严重损害了当事人的人身权益。在高校中，由于男性教师在地位、权力上具有绝对的优势，通常会以女大学生的成绩、论文、毕业等相威胁，进而达到性骚扰甚至性侵犯的目的。对此，女大学生的处境极为尴尬，如果拒绝，学业上可能会受到打击报复；如果忍气吞声，自己的人身权益又会受到侵害。

对于性骚扰，我国宪法、法律和地方性法规均对其予以明确规定。宪法层面，《宪法》第 38 条规定："中华人民共和国公民的人格尊严不受侵犯。禁止用任何方法对公民进行侮辱、诽谤和诬告陷害。"第 48 条第 1 款规定："中华人民共和国妇女在政治的、经济的、文化的、社会的和家庭的生活等各方面享有同男子平等的权利。"由此可知，我国以《宪法》这一根本法的形式保护妇女免受包括性骚扰在内的诸多侵犯其人格尊严的行为侵害，并确定了男女权利平等的根本原则。

法律层面，《民法典》第 990 条规定："人格权是民事主体享有的生命权、身体权、健康权、姓名权、名称权、肖像权、名誉权、荣誉权、隐私权等权利。除前款规定的人格权外，自然人享有基于人身自由、人格尊严产生的其他人格权益。"第 995 条规定："人格权受到侵害的，受害人有权依照本法和其他法律的规定请求行为人承担民事责任。受害人的停止侵害、排除妨碍、消除危险、消除影响、恢复名誉、赔礼道歉请求权，不适用诉讼时效的规定。”第1003条规定：“自然人享有身体权。自然人的身体完整和行动自由受法律保护。任何组织或者个人不得侵害他人的身体权。”由此可知，我国以《民法典》这一民事基本法的形式对妇女的人身自由和人格尊严予以保护，并具体规定了权利救济方式。《妇女权益保障法》第2条第1款规定：“妇女在政治的、经济的、文化的、社会的和家庭的生活等各方面享有同男子平等的权利。”第40条规定：“禁止对妇女实施性骚扰。受害妇女有权向单位和有关机关投诉。”第41条第2款规定：“禁止组织、强迫、引诱、容留、介绍妇女卖淫或者对妇女进行猥亵活动。”第42条规定：“妇女的名誉权、荣誉权、隐私权、肖像权等人格权受法律保护。禁止用侮辱、诽谤等方式损害妇女的人格尊严。禁止通过大众传播媒介或者其他方式贬低损害妇女人格。未经本人同意，不得以营利为目的，通过广告、商标、展览橱窗、报纸、期刊、图书、音像制品、电子出版物、网络等形式使用妇女肖像。”第52条第1款规定：“妇女的合法权益受到侵害的，有权要求有关部门依法处理，或者依法向仲裁机构申请仲裁，或者向人民法院起诉。”由此可知，我国以《妇女权益保障法》这一社会法的形式对妇女在政治、经济、文化、社会和家庭等方面的权利予以保护，并具体规定了权利救济渠道。

地方性法规方面，《北京市实施〈中华人民共和国妇女权益保障法〉办法》第33条规定：“禁止违背妇女意志，以具有性内容或者与性有关的语言、文字、图像、电子信息、肢体行为等形式对妇女实施性骚扰。遭受性骚扰的妇女，可以向本人所在单位、行为人所在单位、本市各级妇女联合会和有关机关投诉，也可以直接向人民法院起诉。所在单位、本市各级妇女联合会和有关机关接到投诉后，应当采取对被投诉人批评教育、对双方进行调解或者支持投诉人起诉等措施。用人单位、公共场所经营管理单位应当根据情况采取措施，预防和制止对妇女的性骚扰。”《上海市实施〈中华人民共和国妇女权益保障法〉办法》第30条规定：“妇女的人身自由不受侵犯。禁止下列行为：（一）以恋爱、征婚、招聘为名或者用其他方式玩弄女性；（二）非法搜查妇女的身体……”第32条规定：“禁止以语言、文字、图像、电子信息、肢体行为等形式对妇女实施性骚扰。受害妇女有权向有关单位和部门投诉。有关部门和用人单位应当采取必要措施预防和制止对妇女的性骚扰。”由此可知，我国各地方以地方性法规的形式对妇女人身权益予以保护，并规定了性骚扰的具体形式。

本案中，对导师刘某的性骚扰，樊某迫于毕业的压力，以躲避和退让的方式婉转拒绝，但还是遭其打击报复。刘某以樊某数据造假为由将其举报至学校，致使其论文没有通过当年的答辩审核。不久，樊某便被学校给予严重警告的处分。虽然樊某向某市教委提出申诉，但最终被其驳回。樊某只得向法院提起诉讼。众所周知，性骚扰存在隐蔽强、取证难、危害大等特点，但笔者仍希望更多的妇女同胞勇于运用法律武器拒绝性骚扰行为。

案例10：慈善活动应当遵循合法、自愿、诚信、非营利的原则

——违反《慈善法》相关案例

【案情简介】

案例一：

童某假借美女图片做头像，扮演患病女生，称自己患有先天性心脏病，自幼父母双亡，但通过自身努力考上名校，后出国深造，回国后和男友共同经营花店。网友被其事迹打动，为其捐款高达15万元。后网友以其涉嫌诈骗报警。

案例二：

杨某某的右腿在一次意外中被烧成重伤，为保证伤腿血液循环，医生用一根人造血管将其左右腿连接在一起，以给右腿供血。在获得好心人帮助的同时，也有某医院宣称将对杨某某免费治疗，某组委会宣称捐助3000元，某培训机构宣称捐助5万元助学基金后，迟迟不肯兑现。

案例三：

歌手姚某某病逝前委托父亲签署了捐献角膜的志愿书。病逝后，姚某某的眼角膜成功移植到董某的眼睛上。短短几天，董某成了舆论关注的焦点人物，这使得董某感到紧张和害怕。董某的母亲向媒体呼吁，出于尊重捐赠者及受捐人隐私，不要再打扰受助者，也不要再打扰姚某某的家人。

案例四：

A镇设立“教育发展资金”，下发摊派教育募捐参考标准，要求正科级捐款6000元，正股（副股级）捐款3000元。在B镇政府通知捐款的红头文件中，强调以指令性捐款为主，列出了以镇领导为负责人的捐款计划表，其中涉及政府机关、派出所、村委会、镇企业在内的50余家单位，捐款数额在1000元到2万元不等，总额27.8万元。

【深度解析】

《慈善法》具有以下特点：第一，采取大慈善概念，不限于为不特定多数人的利益而进行公益事业，加入了传统慈善，鼓励整个社会依法行善。第二，规定了慈善组织的概念和形式，即同时满足非营利组织，慈善为宗旨，以基金会、社会团体和社会服务机构为组织形式三个条件。第三，慈善组织直接到民政部门进行登记，不必到主管部门进行登记，废除了“双重登记”制度。第四，取消年检制度，实行年报制度，慈善组织每年应公布年度工作报告和财务会计报告。第五，规定慈善组织信息公开的范围和形式，如慈善财产如何募集、分配、剩余多少以及具体实施情况。第六，统一公开募捐的标准，即依法登记满两年、内部治理结构健全、运行规范的慈善组织都可以向民政部门申请取得公开募捐资格。第七，互联网捐助信息平台统一，媒介提供者有验证的义务。第八，建立慈善信息公开制度，在指定平台上发布相关慈善募捐信息以及相关慈善活动，公众可以查询。第九，明确了慈善组织、受益人、捐赠者以及志愿者相关的权利和义务，同时也对税收等进行了相关规定。第十，慈善组织如果有剩余财产，是不能分配的，除去其他部分后可以转到相近的慈善组织。

案例一中，童某的行为属于典型的诈捐、骗捐，严重侵害了社会公众的合法权益。《慈善法》第33条规定："禁止任何组织或者个人假借慈善名义或者假冒慈善组织开展募捐活动，骗取财产。"第107条规定："自然人、法人或者其他组织假借慈善名义或者假冒慈善组织骗取财产的，由公安机关依法查处。"本案中，童某通过虚拟网络传播虚假经历，引发网友的同情和捐助，从而实现其骗取钱财的非法目的，其行为已经构成诈骗罪。《刑法》第266条规定："诈骗公私财物，数额较大的，处三年以下有期徒刑、拘役或者管制，并处或者单处罚金；数额巨大或者有其他严重情节的，处三年以上十年以下有期徒刑，并处罚金；数额特别巨大或者有其他特别严重情节的，处十年以上有期徒刑或者无期徒刑，并处罚金或者没收财产。本法另有规定的，依照规定。"笔者认为，假借慈善之名行诈骗之实，肆意消费公众的善心，抹黑慈善名义，玷污慈善环境的行为都应受到严厉追究。

案例二中，承诺捐赠的医院、企业和组织诺而不捐、承而不践，不仅是在亵渎求助者，也使自己的名誉扫地。《慈善法》第41条第1款规定："捐赠人应当按照捐赠协议履行捐赠义务。捐赠人违反捐赠协议逾期未交付捐赠财产，有下列情形之一的，慈善组织或者其他接受捐赠的人可以要求交付；捐赠人拒不交付的，慈善组织和其他接受捐赠的人可以依法向人民法院申请支付令或者提起诉讼：（一）捐赠人通过广播、电视、报刊、互联网等媒体公开承诺捐赠的；（二）捐赠财产用于本法第三条第一项至第三项规定的慈善活动，并签订书面捐赠协议的。"该规定保障了求助者的合法利益，赋予了救助者在遇到诺而不捐行为时的救济手段。在保护弱者的同时，《慈善法》也考虑到捐助者的实际经济情况，其中第 41 条第 2 款规定："捐赠人公开承诺捐赠或者签订书面捐赠协议后经济状况显著恶化，严重影响其生产经营或者家庭生活的，经向公开承诺捐赠地或者书面捐赠协议签订地的民政部门报告并向社会公开说明情况后，可以不再履行捐赠义务。"

案例三中，公开捐赠人或受益人的信息，有时会给其带来精神和心理压力。《慈善法》第 31 条规定："开展募捐活动，应当尊重和维护募捐对象的合法权益，保障募捐对象的知情权，不得通过虚构事实等方式欺骗、诱导募捐对象实施捐赠。"第 76 条规定："涉及国家秘密、商业秘密、个人隐私的信息以及捐赠人、慈善信托的委托人不同意公开的姓名、名称、住所、通讯方式等信息，不得公开。"由此可知，《慈善法》不仅保护募捐对象的知情权，还保护其相关隐私权。与此同时，《慈善法》对侵犯上述权利的行为还规定了相关法律责任，其中第 99 条第 1 款规定："慈善组织有下列情形之一的，由民政部门予以警告、责令限期改正；逾期不改正的，责令限期停止活动并进行整改……（七）泄露捐赠人、志愿者、受益人个人隐私以及捐赠人、慈善信托的委托人不同意公开的姓名、名称、住所、通讯方式等信息的。"

案例四中，政府机关的强制摊派募捐行为严重违反了慈善的自愿性，为《慈善法》所禁止。《慈善法》第 108 条规定："县级以上人民政府民政部门和其他有关部门及其工作人员有下列情形之一的，由上级机关或者监察机关责令改正；依法应当给予处分的，由任免机关或者监察机关对直接负责的主管人员和其他直接责任人员给予处分……（二）摊派或者变相摊派捐赠任务，强行指定志愿者、慈善组织提供服务的……"与此同时，《慈善法》也对相关部门的强制摊派募捐作出了行政处罚措施。第 101 条第 1 款规定："开展募捐活动有下列情形之一的，由民政部门予以警告、责令停止募捐活动；对违法募集的财产，责令退还捐赠人；难以退还的，由民政部门予以收缴，转给其他慈善组织用于慈善目的；对有关组织或者个人处二万元以上二十万元以下罚款……（三）向单位或者个人摊派或者变相摊派的……"由此可知，对公民、法人或者非法人组织来说，慈善是权利，而不是义务，具有无偿性，政府机关、企事业单位和非法人组织不得强制向单位或者个人摊派或者变相摊派捐赠任务。

第七章 刑 法

案例1：任何人不得冒充现役军人从事违法犯罪活动

——闫某某冒充军人招摇撞骗案

【案情简介】

某芳是某市的宾馆服务员，在网上认识了自称单身青年军官的闫某雨，他称自己是副团级干部，还是海军司令员的外甥。很快，闫某雨称来某市出差，两人相约见面，在某市游玩了几天，感情迅速升温。在宾馆里，闫某雨与某芳强行发生了性关系，并承诺会对其负责。

2016 年 2 月，某芳将自己恋爱的消息告诉了舅妈，舅妈与闫某雨见面时，发现其身为副团级军官竟不知吃饭时该坐何处，不像见过世面的人。2016 年 4 月，闫某雨再次来到某市，舅妈将其安排到朋友黄某家中。黄某的丈夫是军人，接触后也发现闫某雨不对劲。黄某找到闫某雨的身份证，发现照片确是本人，但姓名却是闫某某。

对此，舅妈立刻报警有假军官骗婚。警方将闫某某带回派出所调查，发现其从未服过兵役，小学文化程度，在工地上当抹灰工。随后某芳也被警方叫到派出所了解情况，得知某芳前后给闫某某汇过 2 万元。警方查到，从 2011 年开始，以恋人身份给闫某某汇款并有宾馆住宿记录的至少有29个女孩。为了对闫某某的量刑更有依据，警方开始寻找受害人，劝说她们出来作证。

当找到被骗人某婷时，警方希望其描述一下受骗过程，然后签字按手印，但某婷拒绝了，她已经结婚，不愿旧事重提。某高出具证言称其曾与嫌疑人同居一年。此外，某愿意作证的女士称，其基于对这名年轻“军官”的同情，被骗走8000多元。李某则称，其通过一些细节，发现闫某某不像军官，在闫某某向其借钱时，其果断分手。闫某某因涉嫌冒充军人招摇撞骗罪，被警方刑事拘留，并且有7名受害者出具了证言。

【深度解析】

近年来，冒充军人的违法犯罪活动时有发生。一些人利用群众对军人的信任和军人享有的崇高声誉，冒充军人招摇撞骗，攫取非法利益，从事违法犯罪活动。《国防法》第29条规定：“国家禁止任何组织或者个人非法建立武装组织，禁止非法武装活动，禁止冒充军人或者武装力量组织。”由此可知，国家法律禁止任何人冒充现役军人，即便没有借助现役军人的身份攫取非法利益，也为法律所禁止。

本案中，犯罪嫌疑人闫某某利用受害人想交友的心理，通过购置军装、网上聊天、修饰图片等诈骗手段取得受害人信任，并冒充副团级军官骗财骗色，给受害人的身心和财产造成巨大危害。如果不是受害人某芳的舅妈及时报警，闫某某还会继续行骗、逍遥法外。即便如此，当警方把闫某某的真实身份告知部分受害人并要求其出具证词时，却被其以“不想再被打扰”“不愿旧事重提”“事情已经过去”等理由拒绝，这不利于法院对闫某某的定罪量刑。那么，究竟是何原因致使闫某某行骗多年屡屡得手？

首先，自身心理因素。闫某某冒充现役军人，使受害人在短期内对其产生以偏概全、以点盖面的“晕轮效应”，不断满足其各种要求。受害人在交友过程中被闫某某的花言巧语所迷惑，最终感情被玩弄、钱财被骗取。其次，虚拟网络。网络在给生活带来便利的同时，也凸显出信息不对等、内容不真实等问题。闫某某正是通过网络聊天工具结识受害人，再用虚假照片蒙蔽受害人。再次，防范意识薄弱。受害人初入社会、阅历尚浅，缺乏应有的认知水平和辨别能力，不能识别闫某某的诈骗伎俩。最后，法治观念淡薄。受害人法治观念淡薄，法治意识不强。如果不是某芳的舅妈报警，闫某某还会继续行骗，会出现更多的受害者。对于闫某某的欺骗行为，绝大部分受害人选择了沉默，没有拿起法律的武器去维护自己的合法权益。即便警方告知受害人真相后，仍有许多受害人拒绝出具证言，这的确发人深省。

那么，闫某某的行为究竟触犯了《刑法》中的哪个罪名？《刑法》第 372 条规定：“冒充军人招摇撞骗的，处三年以下有期徒刑、拘役、管制或者剥夺政治权利；情节严重的，处三年以上十年以下有期徒刑。”本罪的客体是部队在国家、社会及群众中的威信；本罪的客观方面是冒充军人实行招摇撞骗行为；本罪的主体是年满 16 周岁、具备刑事责任能力的自然人；本罪主观方面是故意，且具有谋取非法利益之目的。由此可知，冒充军人招摇撞骗罪是指冒充军人身份进行招摇撞骗的行为。其中，冒充军人身份主要包括四种情形：第一，非军人冒充现役军人。第二，下级军官冒充上级军官。第三，普通部门军人冒充特殊部门军人。第四，此类军人冒充彼类军人。本案中，闫某某的行为属于典型的非军人冒充现役军人的情形，其穿着军装欺骗女性的行为，已然触犯《刑法》中的冒充军人招摇撞骗罪。那么，闫某某所犯的冒充军人招摇撞骗罪与诈骗罪有何区别?

《刑法》第266条规定：“诈骗公私财物，数额较大的，处三年以下有期徒刑、拘役或者管制，并处或者单处罚金；数额巨大或者有其他严重情节的，处三年以上十年以下有期徒刑，并处罚金；数额特别巨大或者有其他特别严重情节的，处十年以上有期徒刑或者无期徒刑，并处罚金或者没收财产。本法另有规定的，依照规定。”由此可知，诈骗罪是指以非法占有为目的，使用欺骗方法，骗取数额较大公私财物的行为。笔者认为，冒充军人招摇撞骗罪与诈骗罪主要存在以下不同：首先，侵害客体不同。前者侵害的是部队的威信和活动，后者侵害的是公私财产权利。其次，行为手段不同。前者是冒充军人身份进行诈骗，后者则利用虚构事实、隐瞒真相等手段和方式进行诈骗。再次，犯罪目的不同。前者是追求非法利益，如财产、感情等，后者是非法占有公私财物。最后，数额要求不同。前者并没有数额上的要求，后者则要求诈骗较大数额的财产。

综上所述，闫某某穿着军装并欺骗受害人感情、诈骗受害人财产的行为已经触犯冒充军人招摇撞骗罪。司法机关应依法对其作出审判。与此同时，该案也告诫广大群众要树立防范意识、提升法治观念，避免自身权益遭受不法侵害。

案例2：惩治危害生产安全犯罪，确保劳动生产安全有序

——危害生产安全犯罪相关案例

【案情简介】

案例一：

2015年12月20日，某区某渣土受纳场发生特别重大滑坡事故，共造成73人死亡。调查组经调查认定，此次滑坡灾害是受纳场渣土堆填体滑动导致，不是山体滑坡，不属于自然地质灾害，是一起生产安全事故。2016年7月15日，调查组认定该事故是一起特别重大的生产安全责任事故。与此同时，检察院以涉嫌重大责任事故罪，依法对某公司法定代表人龙某美、副总经理于某利以及某区某受纳场现场监督员、调度员等共11人批准逮捕，并要求公安机关加大侦查力度，尽快抓捕在逃的其他主要犯罪嫌疑人。

案例二：

2012年8月22日，某煤矿“11·10”煤与瓦斯突发重大责任事故案在法院公开审理。某煤矿原法人代表梁某辉等7人被指控犯重大劳动安全事故罪。检察院指控某煤矿一直未按照防突专项设计组织实施，2010年11月28日至事故发生，某煤矿的煤炭安全生产许可证被暂扣并责令停产整顿，煤炭生产许可证被暂扣，采矿许可证已过期，但某煤矿无视国家规定，继续组织工人进行生产、掘进。2011年7月至11月，张某兴、戚某明、孙某奎在明知存在重大安全隐患的情况下，先后安排无资质的陈某等3人在事故发生地

打孔释放瓦斯压力，并安排同样无资质的殷某带着工人在该工作面上掘进，导致11月10日上午发生煤与瓦斯突发事故，造成35人死亡，8人被埋于井下，直接经济损失人民币3970万元。据调查，张某兴、戚某明、孙某奎、严某良作为煤矿的主要领导、企业安全生产的决策管理人员，对防突设计不认真组织实施，违法违规组织生产，采取不符合安全规程的方式作业，应承担事故责任。唐某超作为受法人代表委托全面管理煤矿的企业负责人，工作严重不负责，致使煤矿防突建设不达标，明知存在安全隐患，对违法违规生产、掘进不闻不问，应承担事故责任。岳某林作为私庄煤矿班组长，违反排班规定，在掘进作业期间插班进行生产作业，直接导致事故伤亡扩大，应承担事故责任。

案例三：

某大厦发生重大火灾。经有关部门调查，该起火灾过火面积12500平方米，无人员伤亡，直接财产损失高达人民币4066.23万元。检察机关认为，犯罪嫌疑人黎某桥作为经营某大厦出租事项的某公司的实际控制人、其子黎某洪作为某公司的主要管理人员，在公安机关对某大厦违反消防管理法规、未经消防验收擅自投入作为货物仓储和办公室使用，责令停止使用乃至查封的情况下，仍然拒不执行，继续出租给商户作为存放鞋类等大量可燃物的仓库，且一直未办理市政永久用电手续，仅使用建设期间供电局提供的临时电源，致整栋大厦安装的消防设施无法正常运转，最终因电线短路引燃可燃物，导致重大火灾事故，造成严重后果。黎某桥、黎某洪对拒绝执行消防监督机构通知的改正措施行为负有直接责任，涉嫌消防责任事故罪。

案例四：

某矿冶总厂拉甲坡矿发生特大透水事故，致使在矿井下作业的81名矿工遇难。当天早晨7时许，矿长黎某打电话给某矿冶总厂总经理黎某1，称矿井下发生了很大的透水事故，死了很多人。事故发生后，某县县委书记万某、县长唐某、县委副书记莫某、副县长韦某竟与矿主黎某1等人相互勾结，采取非法手段，隐瞒事故、封锁消息达半月之久，性质十分恶劣。

【深度解析】

案例一中，重大责任事故罪，是指在生产、作业中违反有关安全管理规定，因而发生重大伤亡事故或者造成其他严重后果的行为。《刑法》第134条第1款规定："在生产、作业中违反有关安全管理的规定，因而发生重大伤亡事故或者造成其他严重后果的，处三年以下有期徒刑或者拘役；情节特别恶劣的，处三年以上七年以下有期徒刑。"那么，本罪的犯罪主体主要包括哪些？《最高人民法院、最高人民检察院关于办理危害生产安全刑事案件适用法律若干问题的解释》第1条规定："刑法第一百三十四条第一款规定的犯罪主体，包括对生产、作业负有组织、指挥或者管理职责的负责人、管理人员、实际控制人、投资人等人员，以及直接从事生产、作业的人员。"由此可知，重大责任事故罪的犯罪主体范围相对宽泛，与生产、作业相关的人员均有可能触犯该罪名。

案例二中，重大劳动安全事故罪，是指安全生产设施或者安全生产条件不符合国家规定，因而发生重大伤亡事故或者造成其他严重后果的行为。《刑法》第135条规定："安全生产设施或者安全生产条件不符合国家规定，因而发生重大伤亡事故或者造成其他严重后果的，对直接负责的主管人员和其他直接责任人员，处三年以下有期徒刑或者拘役；情节特别恶劣的，处三年以上七年以下有期徒刑。”那么，应该如何界定上述法条所规定的“直接负责的主管人员和其他直接责任人员”呢？《最高人民法院、最高人民检察院关于办理危害生产安全刑事案件适用法律若干问题的解释》第3条规定：“刑法第一百三十五条规定的‘直接负责的主管人员和其他直接责任人员’，是指对安全生产设施或者安全生产条件不符合国家规定负有直接责任的生产经营单位负责人、管理人员、实际控制人、投资人，以及其他对安全生产设施或者安全生产条件负有管理、维护职责的人员。”

案例三中，消防责任事故罪，是指违反消防管理法规，经消防监督机构通知采取改正措施而拒绝执行，造成严重后果的行为。《刑法》第139条规定：“违反消防管理法规，经消防监督机构通知采取改正措施而拒绝执行，造成严重后果的，对直接责任人员，处三年以下有期徒刑或者拘役；后果特别严重的，处三年以上七年以下有期徒刑。”需要注意的是，消防监督机构的通知既包括书面通知、口头通知，也包括直接通知、间接通知。那么，应该如何界定上述法条所规定的“造成严重后果”呢？《最高人民法院、最高人民检察院关于办理危害生产安全刑事案件适用法律若干问题的解释》第6条第1款规定：“实施刑法第一百三十二条、第一百三十四条第一款、第一百三十五条、第一百三十五条之一、第一百三十六条、第一百三十九条规定的行为，因而发生安全事故，具有下列情形之一的，应当认定为‘造成严重后果’或者‘发生重大伤亡事故或者造成其他严重后果’，对相关责任人员，处三年以下有期徒刑或者拘役：（一）造成死亡一人以上，或者重伤三人以上的；

（二）造成直接经济损失一百万元以上的；（三）其他造成严重后果或者重大安全事故的情形。”

案例四中，不报、谎报安全事故罪，是指在安全事故发生后，负有报告职责的人员不报或者谎报事故情况，贻误事故抢救，情节严重的行为。《刑法》第139条之一规定：“在安全事故发生后，负有报告职责的人员不报或者谎报事故情况，贻误事故抢救，情节严重的，处三年以下有期徒刑或者拘役；情节特别严重的，处三年以上七年以下有期徒刑。”需要注意的是，不报或者谎报安全事故情况的行为，造成贻误事故抢救的后果，并且情节严重的，才构成犯罪。如果发生了没有必要抢救的安全事故，因为缺乏本罪的结果要素，是不构成本罪的。换言之，只有在结果可能加重或者扩大的情况下，不报或者谎报事故情况的行为，才可能成立本罪。那么，应该如何界定上述法条所规定的“负有报告职责的人员”呢?《最高人民法院、最高人民检察院关于办理危害生产安全刑事案件适用法律若干问题的解释》第4条规定：“刑法第一百三十九条之一规定的‘负有报告职责的人员’，是指负有组织、指挥或者管理职责的负责人、管理人员、实际控制人、投资人，以及其他负有报告职责的人员。”

案例3：严厉打击拒不执行判决、裁定犯罪活动，坚决维护人民群众合法权益

——廖某某拒不执行判决、裁定案

【案情简介】

2013年，针对徐某某与廖某某民间借贷纠纷一案，法院作出

民事调解书，确认廖某某向徐某某偿还借款30万元及利息。该民事调解书生效后，因廖某某未能履行还款义务，徐某某向法院申请强制执行，该院立案执行。法院为执行该调解书下达了执行裁定，并于2015年10月23日向廖某某送达执行通知书，要求廖某某将其名下的高级小轿车立即交付执行法院。执行法院另查明，廖某某长年居住于未办理产权的一幢自建房中，其个人所有的一处4间店面房长年出租，每月租金2600元，村里2014年向其发放补贴1.584万元。

因廖某某长年拒不履行生效法律文书所确定的义务，徐某某遂向公安机关提出控告，公安机关向其出具不予受理决定书。2015年11月26日，徐某某以廖某某长年犯拒不执行判决、裁定罪，向法院提起自诉。2015年12月15日，被告人廖某某与自诉人徐某某达成和解协议，约定廖某某每月返还徐某某2500元，最终取得了徐某某的谅解。

法院经审理认为，廖某某对法院的裁定有能力执行而拒不执行，拒不交付执行裁定指定交付的财物，其行为已构成拒不执行判决、裁定罪，但鉴于廖某某能如实供述犯罪事实，犯罪情节轻微，且已与自诉人徐某某达成和解协议，取得了对方谅解，对其可免予刑事处罚。据此，法院以拒不执行判决、裁定罪判处廖某某免予刑事处罚。

【深度解析】

拒不执行判决、裁定罪，是指对人民法院的判决、裁定有能力执行而拒不执行，情节严重的行为。《刑法》第313条规定：“对人民法院的判决、裁定有能力执行而拒不执行，情节严重的，处三年以下有期徒刑、拘役或者罚金；情节特别严重的，处三年以上七年以下有期徒刑，并处罚金。单位犯前款罪的，对单位判处罚金，并对其直接负责的主管人员和其他直接责任人员，依照前款的规定处罚。”

由此可知，拒不执行判决、裁定罪的犯罪构成是：第一，犯罪主体必须是应当执行人民法院判决、裁定的自然人或者单位。第二，犯罪行为是对人民法院的判决、裁定有能力执行而拒不执行。《全国人大常委会关于〈中华人民共和国刑法〉第三百一十三条的解释》规定：“刑法第三百一十三条规定的‘人民法院的判决、裁定’，是指人民法院依法作出的具有执行内容并已发生法律效力的判决、裁定。人民法院为依法执行支付令、生效的调解书、仲裁裁决、公证债权文书等所作的裁定属于该条规定的裁定……”第三，犯罪主观为故意，即行为人明知是生效的人民法院的判决、裁定，而故意不执行。第四，犯罪情节严重。《全国人大常委会关于〈中华人民共和国刑法〉第三百一十三条的解释》规定：“……下列情形属于刑法第三百一十三条规定的‘有能力执行而拒不执行，情节严重’的情形：（一）被执行人隐藏、转移、故意毁损财产或者无偿转让财产、以明显不合理的低价转让财产，致使判决、裁定无法执行的；（二）担保人或者被执行人隐藏、转移、故意毁损或者转让已向人民法院提供担保的财产，致使判决、裁定无法执行的；（三）协助执行义务人接到人民法院协助执行通知书后，拒不协助执行，致使判决、裁定无法执行的；（四）被执行人、担保人、协助执行义务人与国家机关工作人员通谋，利用国家机关工作人员的职权妨害执行，致使判决、裁定无法执行的；（五）其他有能力执行而拒不执行，情节严重的情形。”与此同时，最高人民法院又对“其他有能力执行而拒不执行，情节严重的情形”进行了司法解释。

《最高人民法院关于审理拒不执行判决、裁定刑事案件适用法律若干问题的解释》第2条规定："负有执行义务的人有能力执行而实施下列行为之一的，应当认定为全国人民代表大会常务委员会关于刑法第三百一十三条的解释中规定的'其他有能力执行而拒不执行，情节严重的情形'：（一）具有拒绝报告或者虚假报告财产情况、违反人民法院限制高消费及有关消费令等拒不执行行为，经采取罚款或者拘留等强制措施后仍拒不执行的；（二）伪造、毁灭有关被执行人履行能力的重要证据，以暴力、威胁、贿买方法阻止他人作证或者指使、贿买、胁迫他人作伪证，妨碍人民法院查明被执行人财产情况，致使判决、裁定无法执行的；（三）拒不交付法律文书指定交付的财物、票证或者拒不迁出房屋、退出土地，致使判决、裁定无法执行的；（四）与他人串通，通过虚假诉讼、虚假仲裁、虚假和解等方式妨害执行，致使判决、裁定无法执行的；（五）以暴力、威胁方法阻碍执行人员进入执行现场或者聚众哄闹、冲击执行现场，致使执行工作无法进行的；（六）对执行人员进行侮辱、围攻、扣押、殴打，致使执行工作无法进行的；（七）毁损、抢夺执行案件材料、执行公务车辆和其他执行器械、执行人员服装以及执行公务证件，致使执行工作无法进行的；（八）拒不执行法院判决、裁定，致使债权人遭受重大损失的。"

本案中，法院就徐某某与廖某某的民间借贷纠纷一案进行了调解，并制作了民事调解书。但调解书生效后，廖某某并没有履行还款义务。对此，徐某某只得向法院申请强制执行。法院查明，廖某某每年都有固定的房租收入，其属于典型的拒不执行判决、裁定行为。徐某某向当地公安机关提出控告，公安机关却向其出具不予受理决定书。最终，徐某某以廖某某犯拒不执行判决、裁定罪向法院提起自诉。《刑事诉讼法》第 210 条规定："自诉案件包括下列案件：（一）告诉才处理的案件；（二）被害人有证据证明的轻微刑事案件；（三）被害人有证据证明对被告人侵犯自己人身、财产权利的行为应当依法追究刑事责任，而公安机关或者人民检察院不予追究被告人刑事责任的案件。"由此可知，拒不执行判决、裁定罪在刑事诉讼中属于公诉案件。但由于当地公安机关向徐某某出具了不予受理决定书，该案就由公诉案件转变为自诉案件，徐某某只得向法院提起自诉以寻求救济。

《最高人民法院关于审理拒不执行判决、裁定刑事案件适用法律若干问题的解释》第 3 条规定："申请执行人有证据证明同时具有下列情形，人民法院认为符合刑事诉讼法第二百一十条第三项规定的，以自诉案件立案审理：（一）负有执行义务的人拒不执行判决、裁定，侵犯了申请执行人的人身、财产权利，应当依法追究刑事责任的；（二）申请执行人曾经提出控告，而公安机关或者人民检察院对负有执行义务的人不予追究刑事责任的。"对于徐某某的自诉请求，法院以拒不执行判决、裁定罪判处廖某某免予刑事处罚。

案例 4：严厉打击编造、故意传播虚假恐怖信息犯罪行为，确保社会秩序平稳

——编造、故意传播虚假恐怖信息相关案例

【案情简介】

案例一：

李某某为发泄心中不满，用手机编写短信"今晚要炸某机场"，

并向数十个随意编写的手机号码发送。彭某在收到短信后向公安机关报案，警方立即通知某机场运行监控中心，该中心随即启动紧急预案，对东、西航站楼和机坪进行排查，并加强对行李物品的检查和监控工作，耗费大量人力、物力，严重影响了机场的正常工作秩序。法院判决认为，被告人李某某法制观念淡薄，为泄私愤，编造虚假恐怖信息并故意向他人传播，严重扰乱社会秩序，已构成编造、故意传播虚假恐怖信息罪，判处有期徒刑一年。

案例二：

导游卫某某带领旅游团用完午餐后，对他人说可以让飞机停留半小时，遂用手机拨打某机场问询处电话，询问某航班起飞时间后说“飞机上有两名恐怖分子，注意安全”。机场接到电话后，立即启动防恐预案，将飞机安排到隔离机位，组织公安、安检对飞机客、货舱清仓，对每位出港旅客资料核对确认排查，查看安检现场录像，确认没有可疑问题后，当日 19 时 33 分，该航班飞机起飞，晚点 33 分钟，卫某某当日即被刑事拘留。法院判决被告人卫某某犯编造虚假恐怖信息罪，判处有期徒刑一年六个月。

案例三：

经济拮据的袁某某意图通过编造爆炸威胁的虚假恐怖信息勒索钱财，遂拨打甲百货公司的电话，编造已经放置炸弹的虚假恐怖信息，以不给钱就在商场内引爆炸弹自杀相威胁，要求该店在 1 小时内汇款 5 万元。该店立即向公安机关报警，并进行人员疏散。接警后，公安机关启动防爆预案，出动警力 300 余名对商场进行安全排查，致使该店暂停营业 3 个半小时。随后，袁某某又相继拨打乙百货商场、某春运办公室、丙百货公司、丁商场、戊百货商场电话，以放置炸弹、引爆炸弹为由威胁对方汇款。法审判决被告人袁某某犯编造虚假恐怖信息罪，判处有期徒刑十二年，剥夺政治权利三年。

【深度解析】

编造、故意传播虚假恐怖信息罪，是指故意编造爆炸威胁、生化威胁、放射威胁等恐怖信息，或者明知是编造的恐怖信息而故意传播，严重扰乱社会秩序的行为。《刑法》第 291 条之一第 1 款规定："投放虚假的爆炸性、毒害性、放射性、传染病病原体等物质，或者编造爆炸威胁、生化威胁、放射威胁等恐怖信息，或者明知是编造的恐怖信息而故意传播，严重扰乱社会秩序的，处五年以下有期徒刑、拘役或者管制；造成严重后果的，处五年以上有期徒刑。"《最高人民法院关于审理编造、故意传播虚假恐怖信息刑事案件适用法律若干问题的解释》第 6 条规定："本解释所称的'虚假恐怖信息'，是指以发生爆炸威胁、生化威胁、放射威胁、劫持航空器威胁、重大灾情、重大疫情等严重威胁公共安全的事件为内容，可能引起社会恐慌或者公共安全危机的不真实信息。"

编造、故意传播虚假恐怖信息罪具有以下特点：第一，犯罪主体是一般主体，即年满 16 周岁，具有刑事责任能力的自然人。第二，犯罪客体是社会秩序，即国家机关对社会的管理活动。第三，犯罪主观是故意，即行为人明知没有爆炸威胁、生化威胁、放射威胁等恐怖威胁，但为了扰乱社会秩序却加以编造，或者明知是编造的虚假恐怖信息而加以传播。第四，犯罪行为，即编造恐怖信息，或者传播编造的恐怖信息。

案例一中，犯罪分子李某某为发泄心中不满，用手机编写短信"今晚要炸某机场"，并向数十个随意编写的手机号码发送，严重影响了机场的正常工作秩序，其编造爆炸威胁这一虚假恐怖信息的行为已严重扰乱了社会秩序，构成编造虚假恐怖信息罪，应依法承担相应的刑事责任。需要注意的是，编造、故意传播虚假恐怖信息罪属于选择性罪名。编造虚假恐怖信息以后向特定对象散布，严重扰乱社会秩序的，构成编造虚假恐怖信息罪；编造虚假恐怖信息以后向不特定对象传播，严重扰乱社会秩序的，构成编造、故意传播虚假恐怖信息罪；对于实施数个编造、故意传播虚假恐怖信息行为的，不实行数罪并罚，但应当将其作为量刑情节予以考虑。本案中，犯罪分子李某某在编造虚假恐怖信息后，遂向不特定的多数人传播，其犯罪行为包括编造、传播两个方面，已构成编造、故意传播虚假恐怖信息罪。

案例二中，犯罪分子卫某某在外地带团期间，拨打某机场问询处电话，询问某航班起飞时间后说“飞机上有两名恐怖分子，注意安全”，严重扰乱了机场工作秩序。需要注意的是，编造虚假恐怖信息的行为，只有造成了严重扰乱社会秩序的结果时，罪名才成立。那么，究竟该如何认定“严重扰乱社会秩序”呢?《最高人民法院关于审理编造、故意传播虚假恐怖信息刑事案件适用法律若干问题的解释》第2条规定：“编造、故意传播虚假恐怖信息，具有下列情形之一的，应当认定为刑法第二百九十一条之一的‘严重扰乱社会秩序’……（二）影响航空器、列车、船舶等大型客运交通工具正常运行的……”笔者认为，关于编造虚假恐怖信息造成“严重扰乱社会秩序”的认定，应当结合行为对正常的工作、生产、生活、经营、教学、科研等秩序的影响程度、对公众造成的恐慌程度以及处置情况等因素进行综合分析判断。对于编造、故意传播虚假恐怖信息威胁民航安全，引起公众恐慌，或者致使航班无法正常起降的，应当认定为“严重扰乱社会秩序”。

案例三中，犯罪分子袁某某由于经济拮据，竟编造虚假恐怖信息向国内多个商场传播，并借此敲诈勒索钱财。《最高人民法院关于审理编造、故意传播虚假恐怖信息刑事案件适用法律若干问题的解释》第5条规定：“编造、故意传播虚假恐怖信息，严重扰乱社会秩序，同时又构成其他犯罪的，择一重罪处罚。”由此可知，犯罪分子袁某某以编造虚假恐怖信息的方式，实施敲诈勒索等其他犯罪的，应当根据案件事实和证据情况，择一重罪处断。《刑法》第274条规定：“敲诈勒索公私财物，数额较大或者多次敲诈勒索的，处三年以下有期徒刑、拘役或者管制，并处或者单处罚金；数额巨大或者有其他严重情节的，处三年以上十年以下有期徒刑，并处罚金；数额特别巨大或者有其他特别严重情节的，处十年以上有期徒刑，并处罚金。”笔者认为，犯罪分子袁某某通过向特定人编造虚假恐怖信息以实现敲诈勒索的目的，属于刑法中的犯罪竞合，即编造虚假恐怖信息罪、敲诈勒索罪竞合。在量刑标准上，袁某某应按照重罪处断，编造虚假恐怖信息罪的最高刑罚是五年以上有期徒刑，而敲诈勒索罪的最高刑罚是十年以上有期徒刑，并处罚金。因此，袁某某应按照敲诈勒索罪的量刑标准承担相应的刑事责任。

案例5：严厉打击排放危险废物的犯罪行为，坚决保护自然环境

——某公司及韩某等3人污染环境案

【案情简介】

2014年4月下旬，某市公安局接到了一封举报信。举报人在信

中揭发某公司法人代表韩某利用卧式储罐，预设地下、水下暗管，将废酸偷排至新江海河。根据这封举报信附有的照片，某市公安机关认真比对后发现，实际排放地点在某村。

2014年5月9日，公安、环保部门联合执法，对某村废酸存储窝点突击检查。环境执法人员根据下水道内暗管的走向和举报信中所描述的偷排点位置，找到了位于盐酸仓库西边的偷排点。在现场查看时发现，一共有3个卧罐、5个竖罐放置在盐酸储存仓库，许多管道连接到用一块板盖住的下水道内。在芦苇区边上，环境执法人员又发现一块板，把板取掉后，有一根暗管直接连到新江海河。环境执法人员马上用pH试纸对河水进行了测量，pH试纸呈现红色，办案人员确定河水具有相当强的酸性。

环境执法人员发现，8个用于存储的大型立罐、卧罐，罐体下私设的暗管密密麻麻地直接伸向新江海河，导致偷排点至入江口（长江）近3千米范围的水域受到严重污染。根据司法解释的相关规定，非法处置危险废物3吨以上即可入刑。在掌握确凿证据后，治安支队联合某市公安局，将某公司法人代表韩某及守门人张某一举抓获。据犯罪嫌疑人韩某交代，收购回来的盐酸销售了一部分，另一部分销售不掉，因仓库小无法储存，就全部排进了新江海河。

2016年1月12日，法院公开审理了此案。庭审期间，3名犯罪嫌疑人均承认了自己的犯罪行为。从2013年8月到2014年5月案发，犯罪嫌疑人韩某在经营海某公司期间，在某村十二组某储运场盐酸储存仓库私设暗管，直接从竖罐的出酸总口通过下水道通往新江海河。韩某自己偷排的同时，还分别雇用顾某某和张某某夜间偷排废酸，顾某某于2014年3月至4月排放盐酸20余次，张某某于2014年4月下旬至5月上旬排放盐酸6次，总计4117吨。办案民警和环境执法人员查清韩某所在公司和相关公司在废酸交易中，一共购进废酸2.7万吨，销售2.3万吨，偷排进新江海河4000吨。经检测，这些直接排进新江海河的盐酸pH值均小于1，有腐蚀性，属于危险废物，保守评估本次污染修复费用为937万余元。

法庭上，检察院对认定犯罪事实的证据，包括证人证言、书证、现场勘查记录等证据进行了举证。犯罪嫌疑人韩某、顾某某、张某某对犯罪事实亦供认不讳，且与其他证据材料相互印证。

【深度解析】

污染环境罪，是指自然人或者单位违反国家规定，排放、倾倒或者处置有放射性的废物、含传染病病原体的废物、有毒物质或者其他有害物质，严重污染环境的行为。《刑法》第338条规定："违反国家规定，排放、倾倒或者处置有放射性的废物、含传染病病原体的废物、有毒物质或者其他有害物质，严重污染环境的，处三年以下有期徒刑或者拘役，并处或者单处罚金；情节严重的，处三年以上七年以下有期徒刑，并处罚金；有下列情形之一的，处七年以上有期徒刑，并处罚金：（一）在饮用水水源保护区、自然保护地核心保护区等依法确定的重点保护区域排放、倾倒、处置有放射性的废物、含传染病病原体的废物、有毒物质，情节特别严重的；（二）向国家确定的重要江河、湖泊水域排放、倾倒、处置有放射性的废物、含传染病病原体的废物、有毒物质，情节特别严重的；（三）致使大量永久基本农田基本功能丧失或者遭受永久性破坏的；（四）致使多人重伤、严重疾病，或者致人严重残疾、死亡的。有前款行为，同时构成其他犯罪的，依照处罚较重的规定定罪处罚。"第346条规定："单位犯本节第三百三十八条至第三百四十五条规定之罪的，对单位判处罚金，并对其直接负责的主管人员和其他直接责任人员，依照本节各该条的规定处罚。”

污染环境罪具有以下特点：第一，违反国家相关规定，主要是指违反《大气污染防治法》《固体废物污染环境防治法》《水污染防治法》《海洋环境保护法》及《环境保护法》等法律规范。第二，排放、倾倒或者处置有放射性的废物、含传染病病原体的废物、有毒物质或者其他有害物质。危险废物，是指列入国家危险废物名录或者根据国家规定的危险废物鉴别标准和鉴别方法认定具有危险特性的废物。第三，造成严重污染环境的犯罪后果。第四，犯罪主体存在犯罪故意。

本案中，某公司法人代表韩某及雇员顾某某、张某某利用卧式储罐，预设地下、水下暗管，将废酸偷排至新江海河，排放量高达4117 吨，给周边环境造成了严重污染。对此，举报者没有向当地环保部门举报，而是选择向当地公安机关举报，其中的原因是什么？《最高人民法院、最高人民检察院关于办理环境污染刑事案件适用法律若干问题的解释》第 1 条规定：“实施刑法第三百三十八条规定的行为，具有下列情形之一的，应当认定为‘严重污染环境’……（二）非法排放、倾倒、处置危险废物三吨以上的……”由此可知，韩某等 3 人排放的废酸高达 4117 吨，远远超过解释规定的“三吨”入刑标准，已经触犯了《刑法》中的污染环境罪，应依法承担相应的刑事责任。

与此同时，《最高人民检察院、公安部关于公安机关管辖的刑事案件立案追诉标准的规定（一）》第 60 条规定：“违反国家规定，向土地、水体、大气排放、倾倒或者处置有放射性的废物、含传染病病原体的废物、有毒物质或者其他危险废物，造成重大环境污染事故，涉嫌下列情形之一，应予立案追诉……（六）其他致使公私财产遭受重大损失或者人身伤亡的严重后果的情形。本条和本规定第六十二条规定的‘公私财产损失’，包括污染环境直接造成的财产损毁、减少的实际价值，为防止污染扩散以及消除污染而采取的必要的、合理的措施而发生的费用。”由此可知，韩某等 3 人排放的废酸导致偷排点至入江口近 3 千米范围的水域受到严重污染，并且修复污染的费用高达 937 万余元，公安机关应依法予以立案追诉。举报者为了避免“以罚代刑”的现象出现，才选择向当地公安机关进行举报。如果向当地环保部门举报，韩某等 3 人有可能承担较轻的行政违法责任，这就违反了罪责刑相适应的刑罚原则。那么，韩某等 3 人在承担刑事责任的同时，是否还承担其他法律责任？

《环境保护法》第 64 条规定：“因污染环境和破坏生态造成损害的，应当依照《中华人民共和国侵权责任法》的有关规定承担侵权责任。”《民法典》第 1229 条规定：“因污染环境、破坏生态造成他人损害的，侵权人应当承担侵权责任。”第 179 条规定：“承担民事责任的方式主要有：（一）停止侵害；（二）排除妨碍；（三）消除危险；（四）返还财产；（五）恢复原状；（六）修理、重作、更换；（七）继续履行；（八）赔偿损失；（九）支付违约金；（十）消除影响、恢复名誉；（十一）赔礼道歉。法律规定惩罚性赔偿的，依照其规定。本条规定的承担民事责任的方式，可以单独适用，也可以合并适用。”由此可知，韩某等 3 人排放废酸的行为已经严重污染环境，其在承担刑事责任的同时，还应承担一定的民事侵权责任。

案例6：严厉打击食品犯罪行为，确保人民群众身体健康

——食品犯罪相关案例

【案情简介】

案例一：

2016年8月12日，某县盐务局对甲乡周某某经营的饭店进行检查时发现，其使用的食盐包装袋上标明的标准系工业盐（GB/T5462－2003），随即将该批盐进行查扣，并在某县检察院督促建议下将该案移交至某县公安局。经查，2016年8月，犯罪嫌疑人杨某某通过中间人购进一批工业精制盐，先后在某县甲乡、乙乡等地向饭店、早餐店等食品加工行业销售涉案精制盐共计311斤。经鉴定，杨某某所销售的精制盐属于无碘盐，不符合国家食用盐（GB5461－2000）标准。2016年9月13日，公安部门向某县检察院提请逮捕。该院经审查认为，杨某某在明知是工业盐的情况下，还向食品加工行业进行销售，该批精制盐不符合国家食用盐标准，属于无碘盐。国家为了防控缺碘引起的疾病，明令禁止在缺碘地区销售无碘盐，而某县属于缺碘地区，销售无碘盐的行为足以造成缺碘引起的食源性疾病，最终以涉嫌销售不符合安全标准的食品罪对杨某某作出了批准逮捕的决定。

案例二：

某村村民韩某荣饲养肉用育肥羊，因给育肥羊喂食含有“盐酸克仑特罗”（俗称“瘦肉精”）的饲料，其丈夫曾受到该县畜牧发

展局的行政处罚。该局执法人员还曾告知韩某荣，含有“盐酸克仑特罗”的药品不能喂羊。两年后，韩某荣饲养了220只育肥羊，并从一流窜商贩手中购买了2000多片含有“盐酸克仑特罗”成分的药片，继续给其饲养的育肥羊喂食。2011年3月22日，韩某荣再次被该县畜牧发展局查获，执法人员当场对其中6头育肥羊的尿样进行抽样，结果呈阳性。其中，两份尿样送交检验检疫技术中心检验，确认尿液含“盐酸克仑特罗”成分。法院认为，韩某荣违反食品卫生管理法规，明知“盐酸克仑特罗”药片是有毒、有害的非食品原料，且国家明令禁止给家畜喂食的前提下，仍故意给其饲养的育肥羊投喂该药品，其行为已构成生产、销售有毒、有害食品罪。韩某荣当庭供述，220只羊静养一个月后售出，得款7万元。法院以生产、销售有毒、有害食品罪判处韩某荣有期徒刑五年，并处罚金人民币7万元。

【深度解析】

案例一中，生产、销售不符合安全标准的食品罪，是指生产、销售不符合食品安全标准的食品，足以造成严重食物中毒事故或者其他严重食源性疾病的行为。《刑法》第143条规定：“生产、销售不符合食品安全标准的食品，足以造成严重食物中毒事故或者其他严重食源性疾病的，处三年以下有期徒刑或者拘役，并处罚金；对人体健康造成严重危害或者有其他严重情节的，处三年以上七年以下有期徒刑，并处罚金；后果特别严重的，处七年以上有期徒刑或者无期徒刑，并处罚金或者没收财产。”第150条规定：“单位犯本节第一百四十条至第一百四十八条规定之罪的，对单位判处罚金，并对其直接负责的主管人员和其他直接责任人员，依照各该条的规定处罚。”

杨某某在明知是工业盐的情况下，还向食品加工行业进行销售，该批精制盐不符合国家食用盐标准，属于无碘盐。笔者认为，杨某某向食品加工行业出售工业盐的行为已构成销售不符合安全标准食品罪。那么，法律是如何认定“其他严重食源性疾病”的呢？《最高人民法院、最高人民检察院关于办理危害食品安全刑事案件适用法律若干问题的解释》第1条规定：“生产、销售不符合食品安全标准的食品，具有下列情形之一的，应当认定为刑法第一百四十三条规定的‘足以造成严重食物中毒事故或者其他严重食源性疾病’……（三）属于国家为防控疾病等特殊需要明令禁止生产、销售的……”

众所周知，在食盐中加入少量的碘，可以促进人体能量代谢、维持脑垂体的生理功能，避免甲状腺疾病的出现。在缺碘地区，如果人体长期食用不含碘的盐，会引起心智反应迟钝、身体变胖以及活力不足等多种问题。对此，国家在食用盐中强制加入碘，确保人民群众身体健康。本案中，杨某某在明知是工业盐的情况下，仍向食品加工行业进行销售，其销售工业盐的行为即上述法条所规定的“属于国家为防控疾病等特殊需要明令禁止生产、销售的”，足以造成其他严重食源性疾病，应依法承担相应的刑事法律责任。

案例二中，生产、销售有毒、有害食品罪，是指在生产、销售的食品中掺入有毒、有害的非食品原料，或者明知掺有有毒、有害的非食品原料的食品而进行销售的行为。《刑法》第144条规定：“在生产、销售的食品中掺入有毒、有害的非食品原料的，或者销售明知掺有有毒、有害的非食品原料的食品的，处五年以下有期徒刑，并处罚金；对人体健康造成严重危害或者有其他严重情节的，处五年以上十年以下有期徒刑，并处罚金；致人死亡或者有其他特别严重情节的，依照本法第一百四十一条的规定处罚。”

需要注意的是，本罪的犯罪行为包括以下三个方面：第一，在生产的食品中掺入有毒、有害的非食品原料，即利用非食品原料生产、制造食品。第二，在销售的食品中掺入有毒、有害的非食品原料，包括在非食品原料中掺入食品。第三，明知是掺有有毒、有害的非食品原料的食品而销售，即销售含有有毒、有害的非食品原料的食品，或者直接将含有非食品原料的有毒、有害物质当作食品销售。

韩某荣违反食品卫生管理法规，在明知“盐酸克仑特罗”药片是有毒、有害的非食品原料，且国家明令禁止给家畜喂食的前提下，仍故意给其饲养的育肥羊投喂该药品，其行为已构成生产、销售有毒、有害食品罪，应依法承担相应的刑事法律责任。最终，法院判决韩某荣有期徒刑 5 年，并处罚金 7 万元。对照《刑法》第 144 条规定可知，韩某荣生产、销售有毒、有害食品的犯罪行为已达到“对人体健康造成严重危害或者有其他严重情节的”标准。《最高人民法院、最高人民检察院关于办理危害食品安全刑事案件适用法律若干问题的解释》第 2 条规定：“生产、销售不符合食品安全标准的食品，具有下列情形之一的，应当认定为刑法第一百四十三条规定的‘对人体健康造成严重危害’：（一）造成轻伤以上伤害的；（二）造成轻度残疾或者中度残疾的；（三）造成器官组织损伤导致一般功能障碍或者严重功能障碍的；（四）造成十人以上严重食物中毒或者其他严重食源性疾病的；（五）其他对人体健康造成严重危害的情形。”第 5 条规定：“生产、销售有毒、有害食品，具有本解释第二条规定情形之一的，应当认定为刑法第一百四十四条规定的‘对人体健康造成严重危害’。”第6条规定：“生产、销售有毒、有害食品，具有下列情形之一的，应当认定为刑法第一百四十四条规定的‘其他严重情节’：（一）生产、销售金额二十万元以上不满五十万元的；（二）生产、销售金额十万元以上不满二十万元，有毒、有害食品的数量较大或者生产、销售持续时间较长的；（三）生产、销售金额十万元以上不满二十万元，属于婴幼儿食品的；（四）生产、销售金额十万元以上不满二十万元，一年内曾因危害食品安全违法犯罪活动受过行政处罚或者刑事处罚的；（五）有毒、有害的非食品原料毒害性强或者含量高的；（六）其他情节严重的情形。”

案例7：严厉打击生产、销售假药的犯罪行为，保护人民群众身体健康

——某药厂生产、销售假药案

【案情简介】

2006年3月5日，彭秋某因肝病住进了某医院。治疗一个月后，他的病情开始明显好转。2006年4月25日，医生开始对彭秋某使用某药厂生产的“亮菌甲素”注射液。药品清单显示，医院先后分五次使用了十支。在临床上，亮菌甲素一般用于急性胆囊炎、慢性胆囊炎发作、其他胆道疾病并发急性感染及慢性浅表性胃炎、慢性浅表性萎缩性胃炎等疾病的治疗。但在使用四天后，彭秋某开始出现呕吐现象。2006年5月3日，彭秋某的肌酐已经上升至500，属急性肾衰竭，医院当即对他进行透析，并向其家属开具病

危通知书。2006年5月9日，彭秋某死亡。三天后，医院给其家属打电话，称引起彭秋某的急性肾衰竭的原因是“亮菌甲素”注射液。

当天，国家药监局派出调查组赶至某市，就该事件展开调查，某市药监局也开始立案。与此同时，某药厂原厂长尹家某、副总经理朱传某均受到当地警方的传讯，某药厂采购员纽忠某、副总经理郭兴某、化验室主任陈桂某等人也被警方控制。2006年5月14日，某市召开新闻发布会，调查结果是某药厂在购买药用辅料“丙二醇”用于“亮菌甲素”注射液生产时，实际购入了假冒的“丙二醇”。某市药监局局长曹永某介绍，假冒的“丙二醇”来自某化工厂，经检验实为二甘醇，经手人为王桂某。丙二醇为无色澄明的黏稠液体，主要作为溶剂、塑化剂、吸水保湿剂、防腐抗菌剂等。化学专家认为，如长期从事采购工作，可凭经验分辨出丙二醇和二甘醇。2006年5月15日，国家药监局通报称，某药厂生产的“亮菌甲素”注射液共使11名患者受到严重影响，其中4人因救治无效已死亡。

经调查，供货商王桂某将工业原料二甘醇冒充“丙二醇”向某药厂出售，该厂采购员钮忠某在未经任何考察的情况下便采购了王桂某的假冒“丙二醇”，而该厂主管采购的副总经理郭兴某也同意钮忠某的采购计划。该厂化验室主任陈桂某在发现假冒“丙二醇”不合格后，便向主管生产质量的副总经理朱传某汇报，其示意陈桂某开具虚假的合格检验报告书。最后，某药厂用假冒的“丙二醇”作为原料制成了所谓的“亮菌甲素”注射液销往医院。

【深度解析】

生产、销售假药罪，是指自然人或者单位故意生产、销售假药的行为。《刑法》第141条规定：“生产、销售假药的，处三年以下有期徒刑或者拘役，并处罚金；对人体健康造成严重危害或者有其他严重情节的，处三年以上十年以下有期徒刑，并处罚金；致人死亡或者有其他特别严重情节的，处十年以上有期徒刑、无期徒刑或者死刑，并处罚金或者没收财产。药品使用单位的人员明知是假药而提供给他人使用的，依照前款的规定处罚。”由此可知，生产、销售假药罪具有以下特点：第一，生产、销售的必须是假药。《药品管理法》第98条规定：“禁止生产（包括配制，下同）、销售、使用假药、劣药。有下列情形之一的，为假药：（一）药品所含成份与国家药品标准规定的成份不符；（二）以非药品冒充药品或者以他种药品冒充此种药品；（三）变质的药品；（四）药品所标明的适应症或者功能主治超出规定范围。有下列情形之一的，为劣药：（一）药品成份的含量不符合国家药品标准；（二）被污染的药品；（三）未标明或者更改有效期的药品；（四）未注明或者更改产品批号的药品；（五）超过有效期的药品；（六）擅自添加防腐剂、辅料的药品；（七）其他不符合药品标准的药品。禁止未取得药品批准证明文件生产、进口药品；禁止使用未按照规定审评、审批的原料药、包装材料和容器生产药品。”第二，具有生产、销售假药的行为。即所有制造、加工、配制、采集、收集某种物品充当合格或特定药品的行为，都是生产假药的行为。一切有偿提供假药的行为，都是销售假药的行为。第三，行为主体是自然人与单位。医疗机构明知是假药而销售的，成立销售假药罪。

第四，主观方面为故意，即行为人必须明知自己生产、销售的是假药。

本案中，某药厂采购员钮忠某在未经任何考察的情况下便采购了王桂某的假冒“丙二醇”，而该厂主管采购的副总经理郭兴某也同意钮忠某的采购计划。与此同时，该厂化验室主任陈桂某在发现供货商王桂某的假冒“丙二醇”不合格后，便向主管生产质量的副总经理朱传某汇报，其示意陈桂某开具虚假的合格检验报告书，以二甘醇替代丙二醇生产并销售“亮菌甲素”注射液。笔者认为，上述人员的行为已经构成生产、销售假药罪，理应依法承担相应的刑事责任。第一，生产、销售的是假药。某药厂出产的“亮菌甲素”注射液，其所含成分“丙二醇”是由“二甘醇”代替的，属于“药品所含成份与国家药品标准规定的成份不符的”情形，即法律所规定的假药。第二，对假药予以生产、销售。某药厂实施了生产、销售假药的行为，其生产的“亮菌甲素”注射液大都销往广东、山西等地区。第三，主观方面为故意。某药厂主管生产质量的副总经理朱传某在接到化验室主任陈桂某检测不合格的报告后，非但没有及时查处假冒“丙二醇”，反而指示陈桂某开具虚假的合格检验报告书，任由该假药危害患者身体健康和生命安全，其犯罪故意极为明显。那么，《刑法》第141条所规定的“对人体健康造成严重危害”“其他严重情节”“其他特别严重情节”应该如何界定？

《最高人民法院、最高人民检察院关于办理危害药品安全刑事案件适用法律若干问题的解释》第2条规定：“生产、销售假药，具有下列情形之一的，应当认定为刑法第一百四十一条规定的‘对人体健康造成严重危害’：（一）造成轻伤或者重伤的；（二）造成轻度残疾或者中度残疾的；（三）造成器官组织损伤导致一般功能障碍或者严重功能障碍的；（四）其他对人体健康造成严重危害的情形。”第 3 条规定：“生产、销售假药，具有下列情形之一的，应当认定为刑法第一百四十一条规定的‘其他严重情节’：（一）造成较大突发公共卫生事件的；（二）生产、销售金额二十万元以上不满五十万元的；（三）生产、销售金额十万元以上不满二十万元，并具有本解释第一条规定情形之一的；（四）根据生产、销售的时间、数量、假药种类等，应当认定为情节严重的。”第 4 条规定：“生产、销售假药，具有下列情形之一的，应当认定为刑法第一百四十一条规定的‘其他特别严重情节’：（一）致人重度残疾的；（二）造成三人以上重伤、中度残疾或者器官组织损伤导致严重功能障碍的；（三）造成五人以上轻度残疾或者器官组织损伤导致一般功能障碍的；（四）造成十人以上轻伤的；（五）造成重大、特别重大突发公共卫生事件的；（六）生产、销售金额五十万元以上的；（七）生产、销售金额二十万元以上不满五十万元，并具有本解释第一条规定情形之一的；（八）根据生产、销售的时间、数量、假药种类等，应当认定为情节特别严重的。”

笔者认为，某药厂生产、销售假冒“亮菌甲素”注射液致患者死亡的行为已经构成单位生产、销售假药罪，理应依法承担相应的刑事责任。《最高人民法院、最高人民检察院关于办理危害药品安全刑事案件适用法律若干问题的解释》第 12 条规定：“犯生产、销售假药罪的，一般应当依法判处生产、销售金额二倍以上的罚金。共同犯罪的，对各共同犯罪人合计判处的罚金应当在生产、销售金额的二倍以上。”第 13 条规定：“单位犯本解释规定之罪的，对单位判处罚金，并对直接负责的主管人员和其他直接责任人员，依照本解释规定的自然人犯罪的定罪量刑标准处罚。”由此可知，法院应对某药厂判处生产、销售金额两倍以上的罚金，并对直接负责的主管人员和其他直接责任人员予以处罚。

第八章 程序法

案例1：确保当事人依法行使诉讼权利，维护当事人合法民事权益

——违反《民事诉讼法》相关案例

【案情简介】

案例一：

张甲的男友冯某是某公司总裁。2016年9月30日，张甲的母亲张乙起诉冯某及其名下的某公司损害股东利益。

起诉书显示，自2012年4月13日至2013年9月6日，某公司的注册资金为660万元，当时3位自然人股东为张乙、冯某、张甲，张乙及冯某各占20%、10%，其余70%都在张甲名下。2014年7月10日，张乙的股权变更为5%，即33万元。2014年8月19日起，公司注册资金从原来的660万元增长至1000万元，张乙的股权只占5%，可冯某的股权却增至60%，张甲的股权占35%，直至2014年11月24日，张乙的股权及股东资格被剥夺。为此，张乙起诉请求法院审理确认被告违法剥夺其股东资格及股权的行为无效，并恢复她在某公司的股权及股东资格等。

案例二：

2016年8月14日，王某在网上称妻子马某与经纪人宋某存在

婚外不正当两性关系，决定解除与马某的婚姻关系，并停止与宋某的合作。2016 年 8 月 15 日，王某来到法院起诉马某要求离婚，并判令婚生子女均由王某抚养，马某依法支付抚养费至孩子年满 18 周岁，依法分割夫妻共同财产。2016 年 8 月 16 日，马某也到法院起诉王某侵犯其名誉权，要求其删除在网上发布的相关内容并道歉 30 天。

离婚案中，王某不仅要求对孩子的抚养权和分割财产，还新增诉讼请求，即要求马某支付 10 万元精神抚慰金。

在名誉侵权案中，马某方围绕王某在网上发布的行为构成微博名誉侵权及给马某造成的名誉损害提交了相关证据。王某则不认可侵权，但未当庭提交证据，表示将在举证期限内提交。因双方均表示仍有证据提交，法院给双方规定了举证期限。此外，王某以两案同时审理可能产生冲突为由，向法院申请中止审理名誉权案。该申请将由合议庭评议后决定是否准许。

【深度解析】

案例一中，张甲的母亲张乙因自己的股东资格及股权被剥夺，以冯某及某公司为被告向法院提起民事诉讼。张乙作为该公司的股东，在其股东利益受到公司损害时，可采取诉讼方式寻求救济。《公司法》第 152 条规定："董事、高级管理人员违反法律、行政法规或者公司章程的规定，损害股东利益的，股东可以向人民法院提起诉讼。"由此可知，张乙向法院提起诉讼完全符合法律规定。那么，张乙所提出的诉讼请求，是否符合相关程序法之规定？

《民事诉讼法》第 3 条规定："人民法院受理公民之间、法人之间、其他组织之间以及他们相互之间因财产关系和人身关系提起的民事诉讼，适用本法的规定。”第119条规定：“起诉必须符合下列条件：（一）原告是与本案有直接利害关系的公民、法人和其他组织；（二）有明确的被告；（三）有具体的诉讼请求和事实、理由；（四）属于人民法院受理民事诉讼的范围和受诉人民法院管辖。”笔者认为，张乙提出的诉讼请求，是基本符合《民事诉讼法》规定的：第一，张乙作为某公司的股东，自身股东利益受到该公司及冯某的损害，与案件本身具有直接利害关系。第二，张乙所递交的民事起诉书是以该公司及冯某为被告，具体且明确。第三，张乙的诉讼请求是请求法院确认被告违法剥夺其股东资格及股权的行为无效，并恢复其在某公司的股权及股东资格，事实清楚、理由充分。第四，张乙与该公司及冯某之间的纠纷属于民事纠纷，且法院对本案享有管辖权。那么，法院在收到民事起诉状后该如何处理?

《民事诉讼法》第123条规定：“人民法院应当保障当事人依照法律规定享有的起诉权利。对符合本法第一百一十九条的起诉，必须受理。符合起诉条件的，应当在七日内立案，并通知当事人；不符合起诉条件的，应当在七日内作出裁定书，不予受理；原告对裁定不服的，可以提起上诉。”由此可知，公民、法人或者非法人组织的民事诉讼权利应得到法院认可与保障。对符合起诉条件的，法院必须依法受理，并应当在7日内立案。本案中，张乙于2016年9月30日向法院递交起诉状，其完全符合起诉条件，法院应于10月7日前立案。但由于10月1日至10月7日属于国家法定节假日，法院在这7天内不工作。因此，其立案期限应从10月8日起算，并于10月15日前立案。最终，法院于10月10日立案，是符合法律规定的。

案例二中，王某以妻子马某与经纪人宋某存在婚外不正当两性关系为由向法院起诉离婚，要求法院判决婚生子女均由其抚养，马某依法支付抚养费至孩子年满18周岁，并依法分割夫妻共同财产。与此同时，马某也向法院提起诉讼，以王某侵犯其名誉权为由，要求其删除微博并道歉30天。在两个诉讼中，原、被告双方均委托律师作为诉讼代理人，以维护自己的合法权益。那么，法律对诉讼代理人有哪些规定呢？《民事诉讼法》第58条规定："当事人、法定代理人可以委托一至二人作为诉讼代理人。下列人员可以被委托为诉讼代理人：（一）律师、基层法律服务工作者；（二）当事人的近亲属或者工作人员；（三）当事人所在社区、单位以及有关社会团体推荐的公民。"由此可知，民事诉讼中的当事人、法定代理人最多可委托两人作为诉讼代理人，其范围不仅限于律师，还包括其他相关人员。笔者认为，律师作为专业法律工作者，不仅通晓法律知识，还掌握办案技巧，能够最大限度地维护当事人的合法权益。与其他诉讼代理人相比，具有一定的优势。法律之所以规定其他诉讼代理人，是考虑到当事人的经济状况、血缘关系等因素，保障当事人的诉讼权利。

在庭前会议上，王某向法院提起新的诉讼请求，即要求马某赔偿精神损失费10万元。对此，法院是否应合并审理？《民事诉讼法》第140条规定："原告增加诉讼请求，被告提出反诉，第三人提出与本案有关的诉讼请求，可以合并审理。"《最高人民法院关于适用〈中华人民共和国民事诉讼法〉的解释》第232条规定："在案件受理后，法庭辩论结束前，原告增加诉讼请求，被告提出反诉，第三人提出与本案有关的诉讼请求，可以合并审理的，人民法院应当合并审理。"由此可知，王某是在案件被法院受理后、法庭辩论结束前提起新的诉讼请求的，法院可以合并审理。此外，对于马某委托律师向法院起诉王某侵犯其名誉权的请求，法院能否合并审理？《最高人民法院关于适用〈中华人民共和国民事诉讼法〉的解释》第 221 条规定：“基于同一事实发生的纠纷，当事人分别向同一人民法院起诉的，人民法院可以合并审理。”由此可知，王某诉马某离婚案与马某诉王某侵犯名誉权案是基于同一事实发生的纠纷，并且当事人分别向法院起诉，法院可以合并审理。

在开庭之前，法院召集当事人及其诉讼代理人召开庭前会议，其作用及目的是什么？《最高人民法院关于适用〈中华人民共和国民事诉讼法〉的解释》第 225 条规定：“根据案件具体情况，庭前会议可以包括下列内容：（一）明确原告的诉讼请求和被告的答辩意见；（二）审查处理当事人增加、变更诉讼请求的申请和提出的反诉，以及第三人提出的与本案有关的诉讼请求；（三）根据当事人的申请决定调查收集证据，委托鉴定，要求当事人提供证据，进行勘验，进行证据保全；（四）组织交换证据；（五）归纳争议焦点；（六）进行调解。”由此可知，庭前会议是指在开庭以前，审判人员可以召集公诉人、当事人和辩护人、诉讼代理人，对回避、出庭证人名单、非法证据排除等与审判相关的问题，了解情况，听取意见。庭前会议只是程序性内容，不进行实质性审理。

《民事诉讼法》第 64 条第 1 款规定：“当事人对自己提出的主张，有责任提供证据。”第 65 条第 1 款规定：“当事人对自己提出的主张应当及时提供证据。”由此可知，民事诉讼中实行“谁主张、谁举证”的证据规则，当事人应该及时向法院提供证据。当事人如果对自己的主张没有证据或者所提供的证据不足以证明主张的，有可能承担不利的法律后果。

案例2：对于情节显著轻微、危害不大的，可不予起诉

——篡改同学高考志愿案

【案情简介】

2016年8月1日，某中学应届考生常某报考甲大学的免费师范生，录取结果出来后，比其分数低的同学都被该校录取了，而他却没有被录取。常某去某省教育招生考试院查询，发现其第一志愿被他人篡改成乙大学。常某报警后得知，是其同班同学因与其报考同一所大学，为了增加自己的录取率，篡改其志愿。随后，某市警方迅速介入此事。

2016年8月3日，某市警方发布消息称，接到常某高考志愿被人篡改的报警后，立即受理展开调查取证工作。经审查认定，郭某某与常某系某中学2016年应届高考考生，二人填报高考志愿时均报考了甲大学。郭某某因常某与自己存在竞争关系，遂产生偷改常某高考志愿以增加自己被甲大学录取机会的想法。2016年7月5日16时，郭某某通过同学内部QQ群获取常某的高考准考证号码，并猜出常某登录填报高考志愿账号的密码，成功登录某省2016年普通高校招生网，擅自将常某的高考志愿由甲大学修改为乙大学，导致常某没有被正常录取。郭某某私自篡改他人高考志愿的行为已经触犯了我国《刑法》规定的破坏计算机信息系统罪。警方决定依法对其采取强制措施。

不久，该案即被移送到检察院。承办人对案件进行了审查，认

为在审查起诉阶段，郭某某经电话传唤后主动到案，如实供述了犯罪事实，并于2016年9月23日亲笔书写悔过书，认罪、悔罪态度好；其无违法犯罪前科，系初犯、偶犯；受害者常某已被录取，对其表示谅解，请求司法机关对其从轻处罚，并出具书面谅解书。同时，承办人到学校进行调查，老师称其在学校表现良好，其老师、同学等通过辩护人提交多份请求书请求对其从轻处罚。2016年10月1日，检察院依法作出对郭某某不予起诉的决定。

【深度解析】

刑事诉讼，是指审判机关、检察机关和侦查机关在当事人及诉讼参与人的参与下，依照法定程序解决被追诉者刑事责任的诉讼活动。其具有以下特点：第一，刑事诉讼是法院、检察院和公安机关所进行的专门活动。刑事诉讼中的侦查权、检察权和审判权是国家权力的具体表现，刑事诉讼活动必须以国家强制力作为后盾。第二，刑事诉讼以解决犯罪嫌疑人、被告人的刑事责任问题为主要任务，决定其是否犯罪、犯什么罪，应否判刑、判什么刑等问题。第三，刑事诉讼是由当事人和诉讼参与人参加的活动。诉讼参与人主要包括证人、鉴定人、辩护人、诉讼代理人，以便查明案件事实，依法惩罚犯罪。第四，刑事诉讼必须严格依照刑事诉讼法所规定的相关程序进行。国家司法机关和所有参加诉讼的人都必须根据刑事诉讼法规定的基本程序要求开展活动。

本案中，犯罪嫌疑人郭某某的行为触犯了我国刑法所保护的社会关系，应依法承担相应的法律责任。《刑法》第286条第1款、第2款规定："违反国家规定，对计算机信息系统功能进行删除、修改、增加、干扰，造成计算机信息系统不能正常运行，后果严重的，处五年以下有期徒刑或者拘役；后果特别严重的，处五年以上有期徒刑。违反国家规定，对计算机信息系统中存储、处理或者传输的数据和应用程序进行删除、修改、增加的操作，后果严重的，依照前款的规定处罚。”由此可知，犯罪嫌疑人郭某某为实现被甲大学录取的目的，在获得受害人常某的登录信息后，私自篡改其填报志愿，直接导致常某未被甲大学录取的严重后果，其行为直接触犯了破坏计算机信息系统罪。那么，检察院在审查起诉阶段，为何作出不予起诉的决定？

笔者认为，犯罪嫌疑人郭某某具备酌定从轻处罚情节，本着教育挽救的目的，检察院最终作出不予起诉的决定。《刑法》第 37 条规定：“对于犯罪情节轻微不需要判处刑罚的，可以免予刑事处罚，但是可以根据案件的不同情况，予以训诫或者责令具结悔过、赔礼道歉、赔偿损失，或者由主管部门予以行政处罚或者行政处分。”第 67 条第 3 款规定：“犯罪嫌疑人虽不具有前两款规定的自首情节，但是如实供述自己罪行的，可以从轻处罚；因其如实供述自己罪行，避免特别严重后果发生的，可以减轻处罚。”《刑事诉讼法》第 177 条第 2 款规定：“对于犯罪情节轻微，依照刑法规定不需要判处刑罚或者免除刑罚的，人民检察院可以作出不起诉决定。”案发后，犯罪嫌疑人郭某某一经传唤即到案，并亲笔写下悔过书，认罪态度良好。与此同时，郭某某此前并无违法犯罪前科，系初犯、偶犯，社会危害性不大，其老师、同学还通过辩护人提交多份建议对其从轻处罚的请求书。这些都直接影响检察院作出不予起诉的决定，但笔者认为受害人常某的态度和建议起着至关重要的作用。经过多方努力，受害人常某最终被甲大学所录取，郭某某的行为并未造成严重后果，常某也谅解了郭某某，并出具了谅解书。至此，检察院才作出不予起诉的决定。

需要注意的是，犯罪嫌疑人郭某某属于酌定不予起诉的情形，并非法定不予起诉的情形。也就是说，检察院可以作出不予起诉的决定，也可以作出予以起诉的决定。那么，法定不予起诉的情形主要有哪些呢？《刑事诉讼法》第16条规定：“有下列情形之一的，不追究刑事责任，已经追究的，应当撤销案件，或者不起诉，或者终止审理，或者宣告无罪：（一）情节显著轻微、危害不大，不认为是犯罪的；（二）犯罪已过追诉时效期限的；（三）经特赦令免除刑罚的；（四）依照刑法告诉才处理的犯罪，没有告诉或者撤回告诉的；（五）犯罪嫌疑人、被告人死亡的；（六）其他法律规定免予追究刑事责任的。”第177条第1款规定：“犯罪嫌疑人没有犯罪事实，或者有本法第十六条规定的情形之一的，人民检察院应当作出不起诉决定。”由此可知，法定不予起诉的情形共有七种，主要表现为不认为是犯罪、没有犯罪事实、超过追诉时效、未告诉的案件、出现死亡及其他情形。

案例3：坚持依法行政，构建法治政府

——贝某与交警大队行政处罚案

【案情简介】

2015年1月31日，贝某驾驶汽车沿着某市西山路行驶，当遇到行人通过人行横道时，没有停车让行。这一幕恰好被执勤交警看到，交警当即将车截停，在核实其驾驶员身份后，适用简易程序向其口头告知违法行为事实、拟作出的行政处罚、依据及其享有的权

利。交警在听取贝某的陈述与申辩后，当场制作并送达简易程序处罚决定书，决定给予罚款50元，记3分。

贝某认为自己的行为不属于违法行为，并对某市交警大队的处罚决定表示不服。2015年2月13日，贝某向某市政府申请行政复议。2015年3月27日，某市政府作出行政复议决定书，维持某市交警大队的处罚决定。2015年4月14日，贝某向法院提起行政诉讼，要求法院依法撤销某市交警大队的行政处罚。2016年6月21日，法院作出一审判决，支持交警大队的主张，驳回贝某的诉讼请求。贝某很快便向中级人民法院提起上诉。

2015年8月5日，中级人民法院开庭审理此案。庭审中，贝某认为其的确在案发时间驾驶汽车路经案发路段，但从某市交警大队提供的视频资料看，无法判定视频资料中行经路口的即其所驾驶车辆。某市交警大队辩称，该案属于现场执法，案发路口交警看到上诉人的车辆违法之后，立即通过对讲设备告知前方路口交警进行拦截，且两个路口相距只有七八十米远，从车辆违法到被拦截没有离开交警视线，因此违法车辆就是上诉人所驾驶的汽车。

中级人民法院认为，机动车和行人穿过没有设置红绿灯的道路路口属于一个互动的过程，任何一方都无法事先准确判断对方是否会停止让行，因此处于强势地位的机动车在途经人行横道遇行人通过时应当主动停车让行，而不应利用自己的强势地位迫使行人停步让行，这既是法律的明确规定，也是保障作为弱势一方的行人安全通过马路、减少交通事故、保障生命安全的现代文明社会的内在要求。2015年9月16日，中级人民法院依法判决驳回贝某上诉，维持原判。

【深度解析】

行政诉讼，是指公民、法人或者非法人组织认为行政机关和行政机关工作人员的行政行为侵犯其合法权益而向人民法院提起的诉讼。在现代社会中，行政诉讼是公民、法人或者非法人组织抵御国家公权力不法侵害的必要武器，也是维护其自身合法权益的有效手段。本案中，行政相对人贝某在驾驶汽车通过人行横道时没有停车让行，后被某市交警大队执勤民警依照简易程序给予罚款 50 元、记 3 分的行政处罚。那么，某市交警大队的行政处罚行为是否于法有据呢？

笔者认为，其行政处罚行为不仅于法有据，而且也合乎程序。首先，贝某的行为已经触犯《道路交通安全法》，属于违法行为。《道路交通安全法》第 47 条规定："机动车行经人行横道时，应当减速行驶；遇行人正在通过人行横道，应当停车让行。机动车行经没有交通信号的道路时，遇行人横过道路，应当避让。"其次，贝某的违法行为，理应承担相应的法律责任。《道路交通安全法》第 90 条规定："机动车驾驶人违反道路交通安全法律、法规关于道路通行规定的，处警告或者二十元以上二百元以下罚款。本法另有规定的，依照规定处罚。"《机动车驾驶证申领和使用规定》第 66 条第 1 款规定："对机动车驾驶人的道路交通安全违法行为，处罚与记分同时执行。"再次，某市交警大队执勤民警的行政处罚行为于法有据。《行政处罚法》第 51 条规定："违法事实确凿并有法定依据，对公民处以二百元以下、对法人或者其他组织处以三千元以下罚款或者警告的行政处罚的，可以当场作出行政处罚决定。法律另有规定的，从其规定。"第 53 条规定："对当场作出的行政处罚决定，当事人应当依照本法第六十七条至第六十九条的规定履行。”最后，某市交警大队执勤民警的行政处罚行为合乎程序。《行政处罚法》第 44 条规定：“行政机关在作出行政处罚决定之前，应当告知当事人拟作出的行政处罚内容及事实、理由、依据，并告知当事人依法享有的陈述、申辩、要求听证等权利。”第 45 条第 1 款规定：“当事人有权进行陈述和申辩。行政机关必须充分听取当事人的意见，对当事人提出的事实、理由和证据，应当进行复核；当事人提出的事实、理由或者证据成立的，行政机关应当采纳。”那么，行政相对人贝某对该行政处罚是否拥有相应的救济手段呢？

在我国，公民、法人或者非法人组织认为行政机关所作出的具体行政行为侵害了自身合法权益，可通过申请行政复议或者提起行政诉讼来寻求救济。《行政复议法》第 2 条规定：“公民、法人或者其他组织认为具体行政行为侵犯其合法权益，向行政机关提出行政复议申请，行政机关受理行政复议申请、作出行政复议决定，适用本法。”《行政诉讼法》第 2 条第 1 款规定：“公民、法人或者其他组织认为行政机关和行政机关工作人员的行政行为侵犯其合法权益，有权依照本法向人民法院提起诉讼。”本案中，贝某作为行政相对人，对某市交警大队所作出的行政处罚决定表示不服，首先向某市人民政府申请行政复议。在对行政复议结果表示不满后，又向某市法院提起行政诉讼。那么，该行政诉讼的被告又是谁呢？

笔者认为，贝某应以某市交警大队和某市政府为共同被告提起行政诉讼。《行政诉讼法》第 26 条第 2 款规定：“经复议的案件，复议机关决定维持原行政行为的，作出原行政行为的行政机关和复议机关是共同被告；复议机关改变原行政行为的，复议机关是被告。”本案中，某市政府在行政复议中决定维持某市交警大队的行政处罚决定，表明其对某市交警大队的行政处罚决定持肯定态度，理应成为行政诉讼中的共同被告。如果某市政府在行政复议中认为某市交警大队的行政处罚决定于法无据、不合程序或者罚款数额显失公平而予以改变，表明其对某市交警大队的行政处罚决定持否定态度，则应成为行政诉讼中的单独被告。那么，行政诉讼中的证据类型有哪些？举证责任又是如何划分的呢？

本案中，中级人民法院在二审中对某市交警大队提供的视频资料进行了质证，以此认定视频资料中的违法车辆为贝某所驾驶，最终驳回贝某的诉讼请求，维持一审判决。《行政诉讼法》第 33 条规定："证据包括：（一）书证；（二）物证；（三）视听资料；（四）电子数据；（五）证人证言；（六）当事人的陈述；（七）鉴定意见；（八）勘验笔录、现场笔录。以上证据经法庭审查属实，才能作为认定案件事实的根据。"由此可知，《行政诉讼法》所规定的证据种类共有八种，其中现场笔录是行政诉讼中的特有证据，是行政机关及其工作人员在依法行使行政权力时所形成的证据材料，具有一定的特殊性。《行政诉讼法》第 34 条规定："被告对作出的行政行为负有举证责任，应当提供作出该行政行为的证据和所依据的规范性文件。被告不提供或者无正当理由逾期提供证据，视为没有相应证据。但是，被诉行政行为涉及第三人合法权益，第三人提供证据的除外。"由此可知，行政诉讼中的举证责任是由作出行政行为的行政机关承担的，如果其不提供或者无正当理由逾期提供证据的，该行政机关将在行政诉讼中直接面临不利的风险。除此以外，法律还对行政机关收集证据予以严格规定。《行政诉讼法》第 35 条规定："在诉讼过程中，被告及其诉讼代理人不得自行向原告、第三人和证人收集证据。"由此可知，行政机关不得在诉讼过程中再次收集相关证据。那么，本案的社会意义有哪些呢？

笔者认为，“车让人”不仅是法律明文规定，也是社会内在要求。作为机动车驾驶人，礼让行人是法律规定的责任和义务，必须严格遵守；对于行人来说，面对机动车与行人抢道的行为，更应维护自身权利。与此同时，坚持依法行政是行政机关及其工作人员的基本要求，也是构建法治政府的根本保障。行政机关在作出行政行为时应于法有据、合乎程序，并严格规范行政自由裁量权，确保行政行为经得起司法机关的合法性审查。

案例4：仲裁协议之效力不因合同变更、解除、终止或无效而受影响

——某水泥生产集团与某建筑公司合同纠纷案

【案情简介】

某水泥生产集团与某建筑公司签订水泥供应合同，约定水泥生产集团向建筑公司供应水泥3000吨，总价款为100万元。水泥生产集团按照合同约定供货，而建筑公司却拖欠其50万元的购货款。经水泥生产集团多次索要无果，只得根据合同中的仲裁条款，向仲裁委员会提请仲裁，要求建筑公司支付购货款及违约金共计55万元。建筑公司则称，因为水泥生产集团提供的水泥质量不合格，且已给其造成了损失，这部分损失应与购货款抵销。仲裁过程中，仲裁委员会发现水泥生产集团所提供的水泥质量确实不合格，并且双方已协商解除上述合同。但此后，双方又继续履行合同，并且水泥生产集团所请求的款项是合同解除后的款项。仲裁委员会认为，合

同解除后，针对新的购销关系，双方并没有重新达成仲裁条款或仲裁协议，仲裁请求实质上缺乏仲裁根据，决定依法终止本案审理，驳回水泥生产集团的仲裁请求，并告知所涉争议可通过诉讼等其他方式寻求解决。

【深度解析】

仲裁，是指民事主体之间根据仲裁协议或仲裁条款，自愿将民事争议提交仲裁庭进行裁判，并受该裁判约束的一种制度。《仲裁法》第2条规定："平等主体的公民、法人和其他组织之间发生的合同纠纷和其他财产权益纠纷，可以仲裁。"第3条规定："下列纠纷不能仲裁：（一）婚姻、收养、监护、扶养、继承纠纷；（二）依法应当由行政机关处理的行政争议。"由此可知，仲裁以民事主体之间的合同纠纷为主，也包括其他财产权益纠纷，但对于民事主体之间的人身关系纠纷以及行政争议，则不能仲裁。

本案中，水泥生产集团与建筑公司签订了水泥供应合同，并在合同中约定仲裁条款，但由于其所生产的水泥存在质量问题，建筑公司拒绝向其支付剩余50万元的购货款。对此，水泥生产集团与建筑公司协商解除了合同。在合同解除后，双方在新的意思表示基础上又形成另外一个购销法律关系。针对建筑公司拖欠货款的行为，水泥生产集团试图通过原先的仲裁条款来申请仲裁，是不符合法律规定的。《仲裁法》第4条规定："当事人采用仲裁方式解决纠纷，应当双方自愿，达成仲裁协议。没有仲裁协议，一方申请仲裁的，仲裁委员会不予受理。"第19条第1款规定："仲裁协议独立存在，合同的变更、解除、终止或者无效，不影响仲裁协议的效力。"

由此可知，水泥生产集团误认为仲裁协议具有“独立性”。笔者认为，在水泥购销合同解除后，双方约定的仲裁条款仅对合同解除前的法律关系继续有效，而本案合同解除后双方又继续履行则属双方达成新的合意，原合同中的仲裁条款效力无法适用于新发生的法律关系，仲裁委员驳回水泥生产集团仲裁请求的行为，符合法律规定。

案例5：坚决破解执行难问题，维护劳动者合法权益

——杜某某申请执行某公司工资支付案

【案情简介】

2015年3月25日，某区劳动人事争议仲裁委员会对杜某某与某公司工资等争议一案作出裁决，裁令某公司支付杜某某工资、基本生活费以及解除劳动合同经济补偿共计约9万元。裁决发生法律效力后，某公司未履行义务，杜某某又依法向法院申请强制执行。

立案后，法院依法向某公司住所地寄送执行通知，但执行通知被以“被执行单位已倒闭”为由退回。执行人员遂通过最高人民法院执行网络查控系统对被执行人财产情况进行查询，未发现被执行人存款。申请执行人杜某某亦表示某公司的工厂已停产很久，公司已经倒闭多时，单位员工无法联系上公司的负责人，工厂的货物及其他财产也早已被处理完毕，其不能提供被执行人其他财产的线索，这使执行工作陷入困境。

执行人员与杜某某沟通时注意到，某公司曾运作天猫网店，遂通过网络查找到了该公司注册运营的天猫网店，并在第一时间与支

付宝联系，查询被执行人账户及账户余额。经查，被执行人支付宝账户余额约为3.1万元，执行人员当即向支付宝寄送冻结裁定及扣划裁定。在被执行人支付宝账户被冻结后，仍有款项陆续进入。2015年12月23日，在支付宝协助下，执行法院成功从某公司的支付宝账户中扣划约5.3万元，对不足部分进行额度冻结。截至2015年12月29日，对被执行人支付宝账户已冻结金额约1.3万元。杜某某9万元的执行金额大部分已经被执行到位。

【深度解析】

当前，“执行难”问题已成为困扰法院办案人员的重大难题。本案属于新形势下通过网络查询被执行人财产的有益尝试。网络购物的普及，使得支付宝在电子商家和网络买家中广泛使用。支付宝账户内的款项作为被执行人名下的财产，根据法律规定属于法院可执行的财产范围。本案执行人员没有局限于传统的财产调查模式，借助网络信息，拓展查询思路，根据案件情况调查被执行人是否有运营网店等情况，挖掘被执行人的新类型财产线索。在查找到被执行人支付宝账户后，及时采取有效措施，有力地推进了案件的执行。

本案中，杜某某就其与某公司支付工资等纠纷向某区劳动人事争议仲裁委员会申请仲裁，以维护自己作为劳动者的合法权益。那么，杜某某与某公司之间的纠纷，是否属于劳动争议仲裁范围呢？《劳动争议调解仲裁法》第2条规定：“中华人民共和国境内的用人单位与劳动者发生的下列劳动争议，适用本法……（五）因劳动报酬、工伤医疗费、经济补偿或者赔偿金等发生的争议……”由此可知，杜某某作为劳动者，某公司作为用人单位，两者之间所发生的工资、基本生活费以及解除劳动合同经济补偿共计约9万元的劳动争议符合受案范围。那么，杜某某应该于何时申请劳动争议仲裁呢？

《劳动争议调解仲裁法》第27条第1款规定："劳动争议申请仲裁的时效期间为一年。仲裁时效期间从当事人知道或者应当知道其权利被侵害之日起计算。"由此可知，杜某某可在自己权利被用人单位侵害起1年内申请劳动争议仲裁。需要注意的是，仲裁时效期间并非固定不变，而是会发生相应变化的。《劳动争议调解仲裁法》第27条第2款、第3款规定："前款规定的仲裁时效，因当事人一方向对方当事人主张权利，或者向有关部门请求权利救济，或者对方当事人同意履行义务而中断。从中断时起，仲裁时效期间重新计算。因不可抗力或者有其他正当理由，当事人不能在本条第一款规定的仲裁时效期间申请仲裁的，仲裁时效中止。从中止时效的原因消除之日起，仲裁时效期间继续计算。"由此可知，该条规定了仲裁时效的中断、中止，以充分保护劳动者的期间利益。那么，某区劳动人事争议仲裁委员会所作出的裁决，具有何种法律效力呢？

《劳动争议调解仲裁法》第47条规定："下列劳动争议，除本法另有规定的外，仲裁裁决为终局裁决，裁决书自作出之日起发生法律效力：（一）追索劳动报酬、工伤医疗费、经济补偿或者赔偿金，不超过当地月最低工资标准十二个月金额的争议；（二）因执行国家的劳动标准在工作时间、休息休假、社会保险等方面发生的争议。"由此可知，某区劳动人事争议仲裁委员会所作出的裁决是终局裁决，一经作出即发生法律效力。然而，某公司并没有执行该生效裁决，杜某某只得向法院申请强制执行。《劳动争议调解仲裁法》第51条规定：“当事人对发生法律效力的调解书、裁决书，应当依照规定的期限履行。一方当事人逾期不履行的，另一方当事人可以依照民事诉讼法的有关规定向人民法院申请执行。受理申请的人民法院应当依法执行。”《民事诉讼法》第224条规定：“发生法律效力的民事判决、裁定，以及刑事判决、裁定中的财产部分，由第一审人民法院或者与第一审人民法院同级的被执行的财产所在地人民法院执行。法律规定由人民法院执行的其他法律文书，由被执行人住所地或者被执行的财产所在地人民法院执行。”第237条第1款规定：“对依法设立的仲裁机构的裁决，一方当事人不履行的，对方当事人可以向有管辖权的人民法院申请执行。受申请的人民法院应当执行。”第239条第1款规定：“申请执行的期间为二年。申请执行时效的中止、中断，适用法律有关诉讼时效中止、中断的规定。”由此可知，杜某某可以在仲裁文书生效后两年内，向某公司住所地或者被执行财产所在地人民法院申请强制执行，以维护自身合法权益。

案例6：及时解决民间纠纷，维护社会和谐稳定

——某劳务公司与农民工之间劳资纠纷案

【案情简介】

某劳务公司因不满该公司中100多名农民工的施工质量而要求终止劳动关系。该劳务公司与农民工仅是口头聘用关系，并没有签订书面合同，从而引发劳资纠纷。不久，双方自愿前往某街道人民调解委员会寻求调解，由人民调解员翟某英具体负责。

受理此案后，翟某英首先同当地公安机关取得联系，由其责令劳务公司法人代表出面，但其始终认为劳务公司并未与农民工形成劳动关系，并且农民工的施工质量没有达标，拒绝支付工资及工程款。随后，翟某英又要求100多名农民工推举出代表。此后，翟某英召集双方见面，开始进行人民调解工作。

最终，双方签订调解协议书并经法院进行司法确认，约定劳务公司一次性支付农民工三个月工资及剩余工程款共计人民币90余万元，并立即终止劳动关系。

【深度解析】

《人民调解法》第2条规定："本法所称人民调解，是指人民调解委员会通过说服、疏导等方法，促使当事人在平等协商基础上自愿达成调解协议，解决民间纠纷的活动。"由此可知，人民调解属于诉讼外调解的一种，是在人民调解委员会主持下，以法律规范和社会道德为依据，对民间纠纷的当事人进行调解、劝说，促使其自愿达成调解协议，从而维护社会稳定的活动。与此同时，人民调解还应遵循一定的基本原则。《人民调解法》第3条规定："人民调解委员会调解民间纠纷，应当遵循下列原则：（一）在当事人自愿、平等的基础上进行调解；（二）不违背法律、法规和国家政策；（三）尊重当事人的权利，不得因调解而阻止当事人依法通过仲裁、行政、司法等途径维护自己的权利。"与民事诉讼相比，人民调解还具有无任何费用的优点。《人民调解法》第4条规定："人民调解委员会调解民间纠纷，不收取任何费用。"

本案中，劳务公司因不满农民工的施工质量，而要求解除劳动关系并拒绝支付工资及工程款。后双方自愿前往某街道人民调解委员会寻求调解，并由人民调解员翟某英具体负责。《人民调解法》第17条规定：“当事人可以向人民调解委员会申请调解；人民调解委员会也可以主动调解。当事人一方明确拒绝调解的，不得调解。”由此可知，对于民间纠纷，当事人可主动向人民调解委员会寻求调解，人民调解委员会也可以主动为之调解，以最大限度地解决民间纠纷。与此同时，法律也规定了排除人民调解的情形，以维护当事人通过复议、仲裁及诉讼等途径寻求救济的基本权利。那么，人民调解的程序有哪些？

调解主体上，人民调解委员会在指派人民调解员的同时，当事人还可以自行选择。《人民调解法》第19条规定：“人民调解委员会根据调解纠纷的需要，可以指定一名或者数名人民调解员进行调解，也可以由当事人选择一名或者数名人民调解员进行调解。”由此可知，法律赋予了当事人较大的选择权利。调解方式上，人民调解以法律规范和社会道德为依据，采取灵活多变的调解方式。《人民调解法》第22条规定：“人民调解员根据纠纷的不同情况，可以采取多种方式调解民间纠纷，充分听取当事人的陈述，讲解有关法律、法规和国家政策，耐心疏导，在当事人平等协商、互谅互让的基础上提出纠纷解决方案，帮助当事人自愿达成调解协议。”调解结果上，人民调解以最大限度达成调解协议为目的，但对无法达成调解协议的案件，应及早告知当事人采取其他救济手段。《人民调解法》第26条规定：“人民调解员调解纠纷，调解不成的，应当终止调解，并依据有关法律、法规的规定，告知当事人可以依法通过仲裁、行政、司法等途径维护自己的权利。”

本案中，在某街道人民调解委员会人民调解员翟某英的努力下，劳务公司与农民工最终达成了调解协议并经法院司法确认。那么，该调解协议具有何种法律效力呢？《人民调解法》第31条第1款规定：“经人民调解委员会调解达成的调解协议，具有法律约束力，当事人应当按照约定履行。”第32条规定：“经人民调解委员会调解达成调解协议后，当事人之间就调解协议的履行或者调解协议的内容发生争议的，一方当事人可以向人民法院提起诉讼。”第33条第1款、第2款规定：“经人民调解委员会调解达成调解协议后，双方当事人认为有必要的，可以自调解协议生效之日起三十日内共同向人民法院申请司法确认，人民法院应当及时对调解协议进行审查，依法确认调解协议的效力。人民法院依法确认调解协议有效，一方当事人拒绝履行或者未全部履行的，对方当事人可以向人民法院申请强制执行。”

由此可知，未经法院司法确认的调解协议对双方当事人具有法律约束力，人民调解委员会应当对调解协议的履行情况进行监督，并督促当事人履行约定的义务；经过法院司法确认的调解协议不仅对双方当事人具有法律约束力，而且同生效的法院民事判决、裁定一样，可向人民法院申请强制执行。笔者认为，劳务公司与农民工达成的调解协议具有较强的法律效力，双方之间的劳资纠纷就此解决。

第九章　党内法规

案例1：厉行节约，反对浪费

——违反《党政机关厉行节约反对浪费条例》相关案例

【案情简介】

因班子成员办公用房面积全部超标，给予某铁路局局长杨某某、党委书记张某某党内严重警告处分，免去现任职务；因超标、超编配备公务用车，给予某铁路公司总经理王某某、原总经理包某某党内严重警告、行政记大过处分。

【深度解析】

《党政机关厉行节约反对浪费条例》第1条规定："为了进一步弘扬艰苦奋斗、勤俭节约的优良作风，推进党政机关厉行节约反对浪费，建设节约型机关，根据国家有关法律法规和中央有关规定，制定本条例。"某铁路局班子成员办公用房面积超标属于违纪行为，应予以党纪处分。《党政机关厉行节约反对浪费条例》第35条第2款规定："党政机关办公用房应当严格管理，推进办公用房资源的公平配置和集约使用。凡是超过规定面积标准占有、使用办公用房以及未经批准租用办公用房的，必须腾退；凡是未经批准改变办公用房使用功能的，原则上应当恢复原使用功能。严禁出租出借办公用房，已经出租出借的，到期必须收回；租赁合同未到期的，租金收入应当按照收支两条线管理。”由此可知，党员干部应严格依照党纪要求腾退超过规定面积标准占有、使用的办公用房。

笔者认为，某铁路局班子成员办公用房面积超标，不仅相关人员负有责任，该局局长杨某某、党委书记张某某也对此负有责任。《党政机关厉行节约反对浪费条例》第 57 条规定：“建立党政机关厉行节约反对浪费工作责任追究制度。对违反本条例规定造成浪费的，应当依纪依法追究相关人员的责任，对负有领导责任的主要负责人或者有关领导干部实行问责。”由此可知，某铁路局局长杨某某、党委书记张某某对上述违纪行为负有领导责任，应予以党纪处分。

某铁路公司超标、超编配备公车的行为也属于违纪行为，应予以党纪处分。《党政机关厉行节约反对浪费条例》第 26 条第 1 款规定：“党政机关应当从严配备实行定向化保障的公务用车，不得以特殊用途等理由变相超编制、超标准配备公务用车，不得以任何方式换用、借用、占用下属单位或者其他单位和个人的车辆，不得接受企事业单位和个人赠送的车辆。”由此可知，党员干部应严格依照党纪要求配备、使用公务用车，不得以任何理由变相超编制、超标准配备公务用车。

笔者认为，某铁路公司超标、超编配备公车，不仅相关人员负有责任，该公司总经理王某某、原总经理包某某也对此负有责任。《党政机关厉行节约反对浪费条例》第 59 条规定：“有下列情形之一的，追究主要负责人或者有关领导干部的责任……（二）指使、纵容下属单位或者人员违反本条例规定造成浪费的……”由此可知，某铁路公司总经理王某某、原总经理包某某对上述违纪行为负有领导责任，应予以党纪处分。需要注意的是，《党政机关厉行节约反对浪费条例》并未直接规定相应的纪律处分内容。对于应当追究党纪政纪责任的，要依照《中国共产党纪律处分条例》《行政机关公务员处分条例》等有关规定给予相应的党纪政纪处分。

案例2：强化党内监督，保持党的先进性和纯洁性

——党内监督相关案例

【案情简介】

某大学原工会专职副主席王某某，于2013年1月至10月，三次带队组织部分干部职工赴欧洲等地公款旅游，予以党内严重警告处分；甲区文史馆馆长杨某某，于2014年3月带队组织中层干部及业务骨干10人赴外省市学习考察期间，公款游览景点，并存在超标准住宿用餐等问题，予以党内警告处分；乙区管委办专职副主任孙某某，于2015年4月9日至11日接受辖区内某公司邀请，前往景区游玩并接受宴请，予以党内警告处分。

【深度解析】

《中国共产党党内监督条例》第1条规定：“为坚持党的领导，加强党的建设，全面从严治党，强化党内监督，保持党的先进性和纯洁性，根据《中国共产党章程》，制定本条例。”第3条规定：“党内监督没有禁区、没有例外。信任不能代替监督。各级党组织

应当把信任激励同严格监督结合起来，促使党的领导干部做到有权必有责、有责要担当，用权受监督、失责必追究。”由此可知，党内监督是没有区别对待的，而是一视同仁、不分畛域。

本案中，行为人均涉及公款旅游问题，并且还存在超标住宿用餐和接受宴请的情形，触犯了党的纪律。《中国共产党纪律处分条例》第 92 条规定：“接受、提供可能影响公正执行公务的宴请或者旅游、健身、娱乐等活动安排，情节较重的，给予警告或者严重警告处分；情节严重的，给予撤销党内职务或者留党察看处分。”第 105 条规定：“有下列行为之一，对直接责任者和领导责任者，情节较轻的，给予警告或者严重警告处分；情节较重的，给予撤销党内职务或者留党察看处分；情节严重的，给予开除党籍处分：（一）公款旅游或者以学习培训、考察调研、职工疗养等为名变相公款旅游的；（二）改变公务行程，借机旅游的；（三）参加所管理企业、下属单位组织的考察活动，借机旅游的。以考察、学习、培训、研讨、招商、参展等名义变相用公款出国（境）旅游的，依照前款规定处理。”

笔者认为，上述行为人的违纪行为均属于党内监督的主要内容。《中国共产党党内监督条例》第 5 条第 2 款规定：“党内监督的主要内容是……（五）落实中央八项规定精神，加强作风建设，密切联系群众，巩固党的执政基础情况……”由此可知，落实中央规定精神属于党内监督的主要内容。需要注意的是，党内监督包括党的中央组织的监督、党委（党组）的监督、党的纪律检查委员会的监督、党的基层组织的监督以及党员的监督五个方面，并与各级人大、政府、监察机关、司法机关、人民政协等外部监督紧密结合起来，实现对党员干部的全面监督。

案例3：全面从严治党，规范和强化党的问责工作

——某学校校长赵某被问责案

【案情简介】

某市纪律检查委员会在信访调查中发现，某学校的党员孙某屡次发生违纪行为，造成恶劣的社会影响。校长赵某面对该党员的违纪行为，不坚持原则，搞一团和气，人情大于法纪，不但不依纪依规调查处理，反而在纪检监察机关查实有关违纪问题以后，擅自为其开具党组织关系介绍信，帮助其转移组织关系，企图逃避党纪处分。最终，某市文广新局党组给予赵某党内警告处分，免去其校党支部书记职务；某市教育局决定免去其校长职务。

【深度解析】

《中国共产党问责条例》第1条规定："为了坚持党的领导，加强党的建设，全面从严治党，保证党的路线方针政策和党中央重大决策部署贯彻落实，规范和强化党的问责工作，根据《中国共产党章程》，制定本条例。"党的问责工作应严格遵循相关原则和基本精神，确保全面从严治党目标的实现。《中国共产党问责条例》第3条规定："党的问责工作应当坚持以下原则：（一）依规依纪、实事求是；（二）失责必问、问责必严；（三）权责一致、错责相当；（四）严管和厚爱结合、激励和约束并重；（五）惩前毖后、治病救人；（六）集体决定、分清责任。"本案中，赵某作为某学校校长，面对该校党员孙某的违纪行为，不但不依纪调查处理，反而擅

自为其开具党组织关系介绍信，帮助其转移组织关系，企图逃避党纪处分。《中国共产党问责条例》第 6 条规定：“问责应当分清责任。党组织领导班子在职责范围内负有全面领导责任，领导班子主要负责人和直接主管的班子成员在职责范围内承担主要领导责任，参与决策和工作的班子成员在职责范围内承担重要领导责任。对党组织问责的，应当同时对该党组织中负有责任的领导班子成员进行问责。党组织、党的领导干部应当坚持把自己摆进去、把职责摆进去、把工作摆进去，注重从自身找问题、查原因，勇于担当、敢于负责，不得向下级党组织和干部推卸责任。”第 7 条规定：“党组织、党的领导干部违反党章和其他党内法规，不履行或者不正确履行职责，有下列情形之一的，应当予以问责……（六）党的纪律建设抓得不严，维护党的政治纪律、组织纪律、廉洁纪律、群众纪律、工作纪律、生活纪律不力，导致违规违纪行为多发，造成恶劣影响的……”

笔者认为，赵某作为学校支部书记、校长，应严格维护党的各项纪律，坚实履行主体监督责任。然而，赵某却置党的纪律于不顾，帮助违纪党员逃避党纪处分。《中国共产党问责条例》第 8 条第 2 款规定：“对党的领导干部的问责，根据危害程度以及具体情况，可以采取以下方式……（四）纪律处分。对失职失责、危害严重，应当给予纪律处分的，依照《中国共产党纪律处分条例》追究纪律责任。”《中国共产党纪律处分条例》第 123 条规定：“党组织有下列行为之一，对直接责任者和领导责任者，情节较重的，给予警告或者严重警告处分；情节严重的，给予撤销党内职务或者留党察看处分……（二）党纪处分决定或者申诉复查决定作出后，不按照规定落实决定中关于被处分人党籍、职务、职级、待遇等事项的……”由此可知，赵某作为学校支部书记、校长存在失职失责，其擅自帮助孙某开具党组织关系介绍信，从而逃避党纪处分的行为也违反了党的纪律，应受到党纪严肃处理。

图书在版编目（CIP）数据

国家工作人员学法用法案例教程／法规应用研究中心编．—北京：中国法制出版社，2021.10
“八五”普法学习教程
ISBN 978－7－5216－2036－8

Ⅰ．①国… Ⅱ．①法… Ⅲ．①法律－中国－干部教育－学习参考资料 Ⅳ．①D920.4

中国版本图书馆CIP数据核字（2021）第140564号

责任编辑　韩璐玮　　　封面设计　杨鑫宇

国家工作人员学法用法案例教程
GUOJIA GONGZUO RENYUAN XUEFA YONGFA ANLI JIAOCHENG

编／法规应用研究中心
经销／新华书店
印刷／三河市紫恒印装有限公司
开本／880毫米×1230毫米　32开　　印张／7　字数／140千
版次／2021年10月第1版　　2021年10月第1次印刷

中国法制出版社出版
书号 ISBN 978－7－5216－2036－8　　定价：29.80元

北京市西城区西便门西里甲16号西便门办公区
邮政编码：100053　　传真：010－63141852
网址：http：//www.zgfzs.com　　编辑部电话：010－63141802
市场营销部电话：010－63141612　　印务部电话：010－63141606

（如有印装质量问题，请与本社印务部联系。）